묵자,
이게 겸애(兼愛)다!

묵자, 이게 겸애(兼愛)다!

초판 1쇄 인쇄 | 2019년 4월 19일
초판 1쇄 발행 | 2019년 4월 26일

지은이 이성주
디자인·일러스트 신병근 선주리
책임편집 손성실
편집 조성우
마케팅 이동준
용지 월드페이퍼
제작 성광인쇄(주)
펴낸곳 생각비행
등록일 2010년 3월 29일 | 등록번호 제2010-000092호
주소 서울시 마포구 월드컵북로 132, 402호
전화 02) 3141-0485
팩스 02) 3141-0486
이메일 ideas0419@hanmail.net
블로그 www.ideas0419.com

《묵자》를 통해
차별 없는 사랑을 말하다

묵자,
이게
겸애(兼愛)다!

생각비행

이성주 지음 | **신병근** 그림

행동하는
삶의 위대함

누군가 내게, "지구상에 지금까지 태어나 활동한 모든 철학자, 사상가 중에서 네가 원하는 사람 한 명과 점심을 먹을 기회를 줄게. 자, 누구를 만날래?" 하고 묻는다면, 깊은 고민에 빠질 것 같다.

"묵자(墨子)를 만날까? 그러면 마르크스가 섭섭해할 거 같은데…."

어느 누가 좋을지 선택해야 하는 기로에서 딱 부러지게 대답하기는 쉽지 않다. 사람의 마음이나 감정은 이분법으로 나누기엔 너무 복잡하기 때문이다. 내가 두 사상가를 좋아하는 건 분명하지만, 그들을 만나고 싶어 하는 이유는 '그들의 철학' 때문은 아니다. (이 두 사람 외에도 내가 좋아하는 철학자나 사상가는 많다. 더 좋아하는 사람도 있고.)

묵자나 마르크스를 만나고 싶은 까닭은 그들에게 궁금한 점이 있기 때문이다. 묵자와 마르크스는 학대받고 착취의 대상이던 노동자, 농민, 민중을 위한 사상을 만들고 이를 바탕으로 세상과 싸운 사람들이다. 온몸과 인생을 바쳐서. 이들은 활동하던 당시 각자 능력을 충분히 인정받았고, 편하게 살 수도 있었던 사람들인데, 일부러 가시밭길을 걸었다.

묵자, 이게 겸애(兼愛)다!

묵자의 경우 여러 나라에서 스카우트 제안이 들어올 정도로 능력이 탁월했던 사상가다. 마르크스도 마음만 먹었다면 안정된 삶을 살 기회가 많았다. 아버지가 변호사였기에 자신도 법률가의 길을 걸을 수 있었으나(법학과로 진학했으니까), 그놈의 '철학'이 문제였다. 철학을 공부하는 통에 인생이 꼬여버린 것이다. 마르크스는 단순한 '철학자'가 아니다. 경제학자, 역사학자, 사회학자이면서 정치이론가, 언론인, 사회주의 혁명가 등 무척 다양한 면모를 보이기 때문이다. 이건 묵자도 마찬가지다. 그는 위대한 사상가인 동시에 기술자, 공학자이기도 했다. 그리고 때론 전투에 참여하기도 했다.

아무튼 이 두 사람은 시대의 아픔을 직시하고 그것을 치료할 방법을 고민했다. 그 결과물이 바로 자신들의 독특한 '생각'이었다. 이들의 고민이 후대에 어떤 영향을 끼쳤는지에 대해서는 인터넷에서 조금만 검색해보면 파악할 수 있다.

평범하게 일상을 살아가는 사람이라면, 이렇게 생각할지도 모르겠다.

"좋은 직장, 좋은 경력, 안정된 삶을 바탕으로 편안하게 한평생 살다 가면 돼."

이런 삶이 나쁘다는 건 아니다! 자신이 살고자 하는 삶에 어떤 가치와 의미를 두는가는 지극히 '개인적인 영역'이기 때문이다. 편안한 선택을 한 사람에 대해 주변에서 뭐라고 할 권리는 없다. 누군가의 '삶'을 평가한다는 건 쓸데없는 참견일지도 모른다. 누군가는 편한 삶을 택하고 누군가는 고단한 인생행로를 선택할 수도 있다. 어떤 삶을 선택했든 거기에는 나름의 이유가 있다고 본다.

그렇기에 나는 묵자나 마르크스 같은 이들의 선택에 영향을 준 '계기'가 궁금하다. 시대적 아픔을 목도했기에 안락한 삶을 버렸을 텐데, (어쩌면 내 예상과 달리 지극히 사소한 다른 이유가 있을지도 모르지만), 보통 사람인 나로서는 짐작하기 어렵다. 그래서 실제로 그들을 만날 수 있다면 직접 물어보고 싶다.

"무엇이 그렇게 당신을 아프게 했나요?"

말이 좀 길어졌지만, 《묵자, 이게 겸애(兼愛)다!》는 이런 의문을 찾아가는 과정 중에 나온 글이다. (마르크스를 소개할 때도 아마 비슷한 얘기를 하게 될 것 같다.) 묵자는 시대의 아픔을 자신만의 방법으로 치유하겠다고 온몸을 내던진 사람이었다. 당시 제자백가 모두 이런 이유로 뜻을 펼치며 나선 이들이긴 하다. 그렇지만 내가 유독 묵자에게 관심을 두는 까닭이 있다. 그의 생각이 기존의 사람들과 전혀 달랐다는 점, 그리고 자신의 생각을 말로만 떠든 게 아니라 실제 행동으로 옮겼다는 점 때문이다.

모한다스 카람찬드 간디, 흔히 마하트마('위대한 영혼'이란 뜻) 간디로 알려진 분은 이렇게 말했다. "내일 죽을 듯이 살고, 영원히 살아갈 듯 배워라." 묵자의 삶을 여기에 대입한다면 이렇게 표현할 수 있을 것이다. "내일 죽을 듯이 생각을 벼리고, 영원히 살아갈 듯 실천하라." 이게 바로 묵자의 삶이었다. 시대의 이단아로 태어나, '겸애(兼愛)'라는 생각을 칼날을 벼리듯 날카롭게 하고, 세상의 아픔을 치유하기 위해 전쟁터도 마다하지 않고 발로 뛴 실천가.

그 묵자의 이야기를 들어보자.

― 서울에서

펜더 선생

안녕? 난 '펜더'라는 별명이 익숙해. 다양한 매체에 글을 기고하고 강의도 하면서 즐겁게 살고 있어. 자유롭게 상상하기를 좋아하고 무엇보다 예술을 사랑하지. 덩치에 어울리지 않게 수줍음이 많은 편이야. 사람들과 대화하기를 좋아하지만, 뭐든 설명하려고 하는 버릇이 있어 가끔 눈총을 받기도 해. 여러분에게는 꼭 필요한 얘기만 할 테니 잘 들어줘!

한아름

난 14살 중학생 한아름이라고 해. 호기심이 많아 뭐든 물어보기를 좋아하지. 책 읽기와 영화 보기가 주된 취미야. 하지만 친구들과 분식집에서 떡볶이 먹으며 수다 떠는 걸 더 좋아해. 장래에 뉴스를 진행하는 아나운서가 되는 게 꿈이야. 만나서 반가워!

장필독

한아름과 동갑내기 친구 장필독이야. 운동을 좋아하고 힙합을 특히 좋아하지. 학원 빼먹고 랩을 연습하다가 엄마한테 야단맞을 때도 가끔 있어. 하지만 스포츠 캐스터라는 어엿한 꿈이 있다고! 나중에 너희에게도 경기 중계 멋지게 하는 모습을 보여줄게.

묵자, 이게 겸애(兼愛)다!

묵자

춘추전국시대가 난세(亂世)였던 건 모두 잘 알지? 세상이 어지러운 탓에 수많은 학설과 학파가 난립했는데, 그중에서 가장 큰 세력을 형성한 건 공자로 대표되는 유가(儒家)였어. 공자는 인(仁)을 기치로 내걸고 군자의 도리를 말하며 능력 있는 사람을 등용해서 세상을 다스리려 했지. 하지만 유교의 가르침이 국가의 지배원리가 되면서 예(禮)가 뒤틀려버렸어. 핵심 가치인 충(忠)과 효(孝)가 지배층의 질서체제를 유지하는 원리로 작동했기 때문이야. 백성들은 충성을 강요하는 지배층에 내몰려 전쟁터로 나가 밤낮으로 싸워야 했고 각종 노역에 시달리며 배고픔에 허덕여야 했지. 나는 공자의 학문으로는 세상을 구할 수 없다고 생각했어. 현실세계와 너무 동떨어져 있고, 백성의 삶을 피폐하게 만들 뿐이라고 생각했거든. 그래서 나는 묵가(墨家)를 창시한 뒤 모든 사람이 하늘 아래 평등하고, 다 함께 일하고, 같이 나누며 행복하게 살자는 생각을 설파했어. 한마디로 민중의 철학을 얘기한 거야. 이 때문에 훗날 중국의 근대 개혁가 중에 양계초란 사람은 나를 '작은 예수요, 큰 마르크스다'라고 평가했어. 나와 제자들은 온몸이 닳도록 차별 없는 사랑인 '겸애(兼愛)'를 전파하고 전쟁터에서조차 평화를 실천하고자 노력했지만, '한 시대의 지배사상은 늘 지배계급의 사상이다'라는 말처럼, 통치자와 지배층은 이런 우리 생각을 탄압하고 사람들의 기억 속에서 잊히게 하고 말았어.

차례

1장

진보 vs 보수

가지지 못한 자를 위한 정치

'마우스랜드(Mouseland)'라는 생쥐나라가 있어. 생쥐들이 태어나, 놀고, 먹고, 살다가 죽는 그야말로 생쥐들의 나라야. 이 나라는 대한민국처럼 4년마다 투표를 해. 나라를 다스리기 위해 자신들의 대표를 뽑는 거야. 생쥐들은 뚱뚱한 검은 고양이들을 대표로 뽑았어. 그러고는 나라를 맡겼어.

생쥐들을 대표하는 검은 고양이들은 열심히 일했어. 마우스랜드를 위해서 자기네가 생각한 좋은 법안을 만들고 통과시켰지. 과연 어떤 법안들일까?

"쥐구멍은 고양이의 발이 들어갈 수 있도록 커야 한다."
"생쥐는 고양이가 잡아먹을 수 있도록 일정한 속도 이하로 달려가야 한다."

어때? 이건 고양이들한테는 좋은 법안이지만, 생쥐들에게는 끔찍한 법안이잖아. 결국 시간이 흐를수록 마우스랜드에서 사는 생쥐들의 삶은 피폐해지고 말았어. 고통스러운 4년의 세월을 보낸 뒤 생쥐들은 마침내 결심하게 돼.

"검은 고양이를 마우스랜드에서 퇴출하자!"

이렇게 해서 다음 선거에서 생쥐들은 '흰 고양이'를 자신들의 대표로 뽑았어.

"제가 뽑히면, 고양이 발이 들어갈 수 없도록 쥐구멍을 네모나게 만들도록 하는 법안을 발의하겠습니다!"

생쥐들은 흰 고양이의 말을 믿고 투표를 했어. 당선된 흰 고양이는 약속한 대로 쥐구멍을 네모나게 만드는 법안을 통과시켰지. 과연 생쥐들의 삶이 나아졌을까? 아니, 삶은 더 힘들어졌어. 쥐구멍을 네모나게 만들긴 했지만, 이전보다 두 배나 더 크게 만들도록 규정했기 때문이야.

실망한 생쥐들은 다음 선거에서 흰 고양이를 퇴출하고, 검은 고양이를 다시 뽑았어. 그러나 검은 고양이라고 생쥐를 챙겨줄 리 만무하잖아? 이후에 생쥐들은 점박이 고양이를 뽑아보기도 하고, 흰색과 검은색이 반반씩 섞인 고양이를 뽑기도 해봤지만, 갈수록 삶은 피폐해졌어. 선거 때가 되면 고양이들은 생쥐들의 목소리를 들어주는 척했지만, 막상 뽑힌 뒤에는 생쥐들을 잡아먹기 바빴으니까 말이야.

생쥐들은 고양이의 색깔을 중요하게 따졌지만, 정작 문제는 대표로 뽑은 게 고양이였다는 사실이야. 고양이들로 구성된 정부가 생쥐들을 위해 일할 리 없잖아?

이때 남다른 생각을 하는 생쥐 한 마리가 등장해.

"우린 왜 지금까지 고양이를 우리의 대표로 뽑았지? 생쥐로 이루어진 정부를 만들면 우리 말을 잘 들어주고, 우리를 위해 열심히 일

1장 진보 vs 보수

할 거잖아!"

이 말을 들은 다른 생쥐들은 일제히 이렇게 대답했어.

"빨갱이가 나타났다! 감옥에 처넣어버려!"

어때 좀 황당한 이야기지? 마우스랜드 이야기는 내가 지어낸 게 아니야. 캐나다의 전설적인 정치인이자, 캐나다 국민들의 '영웅'인 토미 더글러스(Tommy Douglas)가 1962년에 한 연설이야. 가벼운 우화(寓話)처럼 보이지만 이 이야기가 담고 있는 이야기는 꽤 무겁지.

"우리는 고양이를 대표로 뽑는 생쥐가 아닐까?"

이 말에 자신 있게 '아니오'라고 대답할 수 있는 사람이 몇이나 될까? 1318 청소년 사상사 시리즈에 생뚱맞은 정치 이야기를 하는 것 같이 보일지도 몰라. 하지만 어쩔 수 없어. 이번에 소개할 사람이 묵자(墨子)라서 그래. 고(故) 신해철이 철학을 정의할 때 이런 말을 했다고 여러 번 얘기했지?

"사람이 사는 방법을 어렵게 쓴 말."

17

토미 더글러스

캐나다의 유명한 정치인이야. 어린 시절 골수염에 걸렸는데, 의사가 다리를 잘라야 한다고 했대. 다리를 자르지 않고 치료를 받으려면 '돈'이 많이 필요했는데, 그의 집안은 치료비를 감당할 정도로 부유하지 않았지. 우여곡절 끝에 자신의 병을 '연구 사례'로 삼고 싶어 하는 의사를 만난 덕분에 다리를 절단하지 않고 치료를 받을 수 있었어. 이런 강렬한 경험이 훗날 자신이 정치인이 됐을 때 공공의료 사업에 집중하게 된 이유였는지도 몰라. 토미 더글러스는 캐나다의 '포괄적 공중 의료체제'의 아버지라 할 수 있는 사람이야. 우리나라는 의료보험 체계가 비교적 일찍 만들어진 상태라 병원비 부담에 대한 걱정이 덜한 편이지만, 선진국 중 미국 같은 경우에는 작은 수술 한 번 했을 뿐인데, 몇 억을 치료비로 내야 하는 일이 종종 벌어지곤 해. (미국으로 이민 가기 전 치과 치료를 다 마치고 가라는 농담 아닌 농담이 나오는 이유야). 캐나다도 이와 마찬가지였어. 토미 더글러스가 공중 의료체제를 만들지 않았다면, 돈 없는 캐나다 국민은 더글러스의 예처럼 아프면 다리를 잘라내야 하는 상황과 마주했을지도 몰라. 그러니 캐나다 국민들이 그를 '영웅'이라 부를 만하지?

그래, 철학은 세상을 살아가는 방법을 말해주는 학문이야. 그런데 그 '살아가는 이야기'가 얼마나 될까? 기원전 2500여 년 전 소크라테스부터 시작해서 최근에 '주목'받고 있는 마르쿠스 가브리엘(Markus Gabriel)까지 셀 수 없을 정도로 많은 철학자와 사상가가 저마다 '살아가는 방법'을 이야기했어.

마우스랜드 이야기를 통해 알 수 있듯이, 안타깝지만 세상은 '가진

1장 진보 vs 보수

자'와 '가지지 못한 자'로 나뉘어 있어. 지금 세상은 부와 권력을 얼마나 가졌는지, 얼마나 똑똑한지, 얼마나 잘생겼는지에 따라 구분 짓고, 차별하려고 해. 여러분도 이미 잘 알고 있잖아? '흙수저, 금수저'라는 말 정도는 들어봤을 거 아냐? 여기서 우리가 기억해야 하는 핵심이 있어.

"서 있는 곳이 다르면, 보이는 풍경이 다르다."

생쥐나라의 고양이들은 과연 어떤 생각을 하고, 어떤 방식으로 살아가려 했을까? '고양이로 태어난 건 하늘의 선택이다. 우리가 생쥐를 잡아먹는 건 하늘이 우리에게 내려준 고귀한 권리이자 의무다. 그러므로 너희 생쥐들은 우리의 먹이가 되는 걸 영광으로 생각해라.' 이렇게 생각했을 거야. 뭐, 고양이 입장에선 당연한 얘기겠지.

생쥐들은 이에 대해 어떤 생각을 할까? 고양이의 말처럼 잡아먹히는 걸 당연한 '운명'으로 받아들여야 할까? 어쩌면 마우스랜드의 쥐들은 고양이를 자신들의 대표로 뽑으면서 은연중에, '생쥐로 태어난 건 하늘이 정한 운명이야. 그러니 생쥐로서 그 운명을 받아들이자.' 하고 생각했을지도 몰라. (그렇다면 정말 아무런 생각이 없는 것이겠지.) 하지만 현실을 바꿀 생각이 있다면 '빨갱이'로 몰려 감옥에 들어가야 했던 생쥐가 말한 바로 '그 생각'을 해야 하지 않을까?

1 야옹펜더
2 야옹아름
3 야옹필독
4 찍찍생쥐

"우리는 고양이의 먹이로 태어나지 않았어! 생쥐들이 뭉쳐서 진짜 '마우스랜드'를 만들어야 해! 고양이에게 우리의 운명을 맡겨선 안 돼! 생쥐의 운명은 생쥐가 개척하는 거야!"

생쥐로 이루어진 정부를 만들어야 해!

생쥐를 대표할 생쥐를 뽑아야 한다는 건 정말 당연한 생각이지만, 현실에서는 잘못된 대표를 뽑는 일이 비일비재해. 마우스랜드라는 우화 속 이야기만이 아니라 실제 사회에서도 이런 일이 일어나고 있지. 인간의 역사를 더듬어보면 고양이의 입장에서 살아가는 방식을 설파한 철학자도 있고, 생쥐의 입장에서 살아가는 방식을 설파한 철학자도 있어.

여기에서 언급하고 넘어가야 할 문제가 바로 '진보(進步)'와 '보수(保守)'에 대한 정리야. 이 문제를 본격적으로 다루려면, 책 한 권으로도 끝이 나지 않을 정도로 방대한 이야기겠지만 여기서는 최대한 간략하게 설명할게.

1장 진보 vs 보수

"변화가 꼭 좋은 건 아니다. 무분별한 변화는 혼란과 퇴행만을 가져온다."

보수주의의 아버지라 불리는 에드먼드 버크(Edmund Burke)가 했던 말이야. 여기서 눈여겨봐야 할 부분은 '변화'란 말과 '무분별한'이란 말이야. 이건 진보를 겨냥한 말이거든. 무엇이 보수이고 진보인지 설명하기란 쉽지 않지만, 거칠게 나눠본다면, '변화의 속도와 수용 범위에 따른 구분'이라고 얘기할 수 있어. 간단한 예를 하나 들어볼게.

에드먼드 버크

영국의 정치인이자 정치철학자야. 최초의 근대적인 보수주의자라 할 수 있어. 이 때문에 '보수주의의 아버지'라는 별명이 붙었지. 프랑스대혁명 덕분에 기존의 관습, 전통, 생활방식 등이 앙시앵 레짐(Ancien Régime, 구체제)으로 매도되고, 기존의 사회제도를 싹 갈아엎어야 하는 상황이었어. 이 와중에 공포와 독재가 발생했고, 기존 가치관과의 충돌 상황도 벌어졌지. 이때 버크는 혁신적인 변화를 거부했어. 너무 급작스러운 변화는 기존의 질서를 파괴해 혼란을 가중한다는 거였어. 실제로 버크는 고대 그리스 민주정의 실패 경험을 말하면서 '만인의 지배는 만인의 독재'라고 생각했지. 버크는 상당한 엘리트주의자이긴 했지만, 신분에 상관없이 도덕적 품성과 능력에 따라 국민의 대표를 발탁해야 한다고 주장했어. 보수주의이면서도 상당히 개혁적인 모습을 확인할 수 있는 대목이야.

"앞으로 인구가 줄어들고, 전쟁도 전투기, 탱크, 전함 등 첨단무기 중심으로 바뀔 것 같으니, 의무적으로 군대에 입대하게 하는 징병제 대신 회사처럼 군 복무하고 싶은 사람을 모집해서 병력을 충원하는 모병제로 전환하자!"

이런 화제가 주어졌다고 생각해볼게. 현재 징병제를 유지하고 있는 대한민국 상황에서 보수 쪽은 대체로 다음과 같은 의견을 주장해.

"아직 북한과 대치하는 상황이고, 우리나라를 둘러싼 주변국들의 군사력을 생각해서 징병제를 계속 유지해야 해."

이에 대해 진보 쪽은 대체로 다음과 같은 의견을 주장해.

"인구가 계속 줄어들어 군대 갈 사람이 줄어드는 마당에 언제까지 양에 집착할 거야? 어차피 현대전은 미사일을 발사하고, 전투기를 날리는 첨단기술이 중심이야. 그러니 병력 수를 줄이고, 질을 높이는 군대로 전환해야 해. 그러려면 18개월씩 의무 복무하게 하기보다는 군인의 길에 뜻이 있는 사람들을 가려 뽑아서 5년이고, 10년이고 제대로 된 급여를 지급하면서 정예화하는 편이 더 좋아."

물론 전쟁 자체를 반대하는 방식으로 한층 더 진보적인 주장도 있어. 하지만 일단 여기서는 크게 양분되는 보수와 진보의 주장을 중심으로 생각해보자. 자, 어떤 주장이 옳을까? 이건 판단하기가 쉽지 않은 문제야. 각자의 경험과 가치관, 생각에 따라 서로 다른 입장에 설 수 있기 때문이지. 그러니까 진보, 보수의 입장을 다룰 때 조심해야 할 건 어느 한쪽을 무조건 '나쁘다'라고 단정하는 거야. 보수와 진보는 함께해야 완전해지는 '안경' 같은 거야. 오른쪽 안경알을 보수, 왼쪽 안경알을 진보라 할 수 있지. 하나의 안경알만으로는 눈앞의 사물을 제대로 볼 수 없어.

진보는 기본적으로 '변화'에 긍정적으로 반응해.

"현실에 문제가 있다면, 바꿔야지! 시대가 변했다면, 제도나 법률도 시대에 맞춰 변해야 해!"

그럼, 보수는 어떨까?

"무조건 바꾼다고 좋아지겠어? 현재 제도와 법률이 이렇게 된 것은 다 이유가 있어. 조금 문제가 있다고 갑작스럽게 바꾼다면, 큰 사회 혼란이 발생할 수도 있어."

진보가 자동차의 액셀러레이터, 즉 가속기에 해당한다면 보수는 자동차의 브레이크, 즉 제동장치에 해당한다고 할 수 있어. 가속기만 있다면 자동차는 폭주하다 사고가 나겠지? 제동장치만 있다면, 자동차는 움직이지 않을 거야. 적절한 예가 아닐지는 몰라도 진보와 보수가 왜 공존해야 하는지에 대한 감은 잡았지?

그러니까 진보와 보수의 주장 중에 어느 한쪽이 반드시 옳다고 단정 지어 말할 순 없어. 진보가 맞을 수도 있지만, 그렇다고 보수가 틀렸다는 게 아냐. 그 반대의 경우도 마찬가지지. 세상을 살아가려면, 왼쪽 오른쪽 안경알이 다 있는 안경을 써야 해. 한쪽이 깨진 안경을 쓰면 세상을 제대로 볼 수 없는 것과 마찬가지야.

진보와 보수를 '안경'에 비유한 이 설명은 내가 생각한 게 아니야. 중학교 시절 도덕 선생님께 들은 이야기야. 당시 대한민국 선생님들 중에는 잃어버린 '왼쪽 안경알'을 찾아서 안경테에 끼워 넣어야 한다고 생각하는 분들이 계셨어. 바로 '전교조'야. 그 당시는 선생님들이 노조를 만든다는 게 금기시되던 시절이었어. 군인 출신 대통령이 나라를 통치하던 때였거든. 노조를 만드는 순간 학교에서 쫓겨날 수도 있는 상황이었지. 그런데 대전서중학교에 계셨던

　　　　　　　　　　　　　　　1장 진보 vs 보수

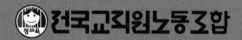

전국교직원노동조합

전국교직원노동조합 한마디로 학교에서 학생들을 가르치는 선생님들이 '노동조합'을 만든 거야. 설립 당시에는 교원(敎員, 학생을 가르치는 사람을 통틀어 이르는 말)이 노동자인가에 대해 의견이 분분했지. 선생이라는 지위의 특수성 때문이야. 대한민국 헌법 제31조를 보면, 교육의 정치적 중립성을 명시하고 있지. 31조 4항을 보면, "교육의 자주성·전문성·정치적 중립성 및 대학의 자율성은 법률이 정하는 바에 의하여 보장된다"고 나와 있어. 선생님은 학생을 가르치는 입장에 있는 사람이야. 교육자가 지나치게 정치적이면 자라나는 학생들에게 '잘못된 가치관'을 심어줄 수 있다는 우려 때문에 전교조는 설립 때부터 많은 난관에 직면했어. 그러다 1999년에 '교원의 노동조합 설립 및 운영 등에 관한 법률'이 제정되어 합법적인 교원 노동조합의 지위를 확보하고 '참교육'에 대한 뜻을 펼칠 수 있었지. 하지만 2013년 박근혜 정부 당시 전교조에 대해 법외노조 통보 처분을 내리는 바람에 2019년 현재까지 법외노조 상태에 있어. 우리 사회에서 전교조를 바라보는 입장 차이가 커서 말하기가 조심스러운 부분이 있지만, 전교조는 전반적으로 우리 사회의 '왼쪽 안경알' 역할을 했다고 보면 돼. 1989년 당시 우리나라 대통령은 군인 출신 노태우였어. 광주 학살을 지시한 전두환의 친구이자 같이 군사반란을 일으킨 인물이지. 그러니 전교조가 설립되기 전 사회 분위기가 어떠했을지 대충 짐작할 수 있겠지? 오른쪽 안경알만으로 세상을 바라보라는 식이었어. 이런 강압을 이겨내고 학생들에게 양쪽 안경알로 세상을 균형 있게 바라보라고 가르친 분들이 바로 전교조 선생님들이었어. 개인적인 경험을 일반화했다고 할 수도 있겠지만, 나는 지금도 그렇게 믿고 있어.

김기정 선생님의 생각은 좀 달랐어.

"세상은 오른쪽 안경알과 왼쪽 안경알로 같이 봐야지만, 제대로 바라볼 수 있어. 우리나라는 수십 년간 오른쪽 안경알로만 세상을 바라보라고 강요해왔단다. 나는 너희에게 온전한 안경을 선물하고 싶다. 선생님은 이제 잃어버린 왼쪽 안경알을 찾으러 가려고 해."

당시 전교조에 가입한다는 건 학교에서 쫓겨난다는 의미였는데, 김기정 선생님은 나와 우리 반 아이들에게 이 말씀을 남기고는 전교조에 가입하셨어. 그 뒤로 몇 번의 부침이 있었지만, 다행스럽게도 선생님은 다시 교단에 서실 수 있게 됐어. 개인적인 생각이지만, 나는 이런 선생님의 '용기' 덕분에 지금 우리가 왼쪽 안경알을 찾아서 세상을 똑바로 바라볼 수 있게 됐다고 믿고 있어.

좀 길게 주변 이야기를 했지만, 결론은 하나야. 우리가 알고 있는 철학이나 사상도 진보와 보수 입장으로 갈린다는 거야. 앞에서 마우스랜드 우화를 이야기했잖아? 고양이는 고양이의 철학이 있고, 생쥐는 생쥐의 철학이 있겠지.

중국의 철학으로 한정한다면, 2500년의 역사 중에서 '생쥐'의 입장에서 생각하고, 행동하려 했던 철학은 단 하나뿐이야. (물론 내 주관적인 생각이야.) 수많은 사상가가 등장하고 사라졌지만 민중의 입장에서 생각하고, 말하고 행동한 사상가가 한 사람뿐이라니 좀 충격적이

1장 진보 vs 보수

지? 그가 바로 묵자(墨子)야.

어때? 마우스랜드에서 감옥에 갇혀야 했던 생쥐가 생각나지 않아? 단 하나의 '다른 생각'을 말했다고 감옥에 갇힌 '빨갱이 생쥐'. 어떻게 보면 묵자가 이와 비슷한 처지였다고 말할 수 있어. 중국 철학을 기준으로 묵자 이전까지, 그리고 이후로도 등장하지 않은 다른 생각을 말한 거야. 민중의 호응은 강렬했지. (누군가는 겁을 먹었지만.) 약 200년간 묵자의 철학은 중국을 뒤흔들었어. 1318 청소년 사상사 시리즈 3권《공자, 이게 인(仁)이다!》에서 소개한 공자의 철학(유학)은 겁을 먹고 묵자 철학을 비난할 정도였어.

그런데 민중의 지지를 받던 묵자의 철학은 거짓말처럼 사라져. 아니, 묻혀버렸어. 그러고는 2000년간 사람들의 기억 속에서 사라졌지. 왜 그랬을까? 백성에겐 희망을 주는 사상이었지만, 지배층에겐 너무도 위험한 사상이었기 때문이야. '생각의 무서움'이 어떤 것인지, 소위 통치자라는 사람들이 민중의 '사상'을 얼마나 두려워하는지 이제부터 한번 살펴보자. 자, 그럼 묵자의 삶과 사상을 알아보는 시간여행을 시작해볼까?

묵자의 생각은
왜 잊혔을까?

마우스랜드 우화에서 '빨갱이 생쥐'를 얘기한 토미 더글러스가 연설 마지막에 덧붙인 한마디가 있어.

"여러분께 한 가지 사실을 상기해드리고 싶습니다. 생쥐든 사람이든 감옥에 잡아넣을 수 있지만, 생각을 잡아넣을 수는 없다는 것입니다."

이건 정말 맞는 말이지만 사람들은 종종 잊곤 해. 특정한 사람을 잡아넣으면, 어떤 종류의 책을 불태워버리면, 어떠한 '생각'을 사라지게 할 수 있다는 착각에 빠지는 거야. 이런 착각에 빠져 나와 다른 생각을 짓밟는다는 것이 얼마나 바보 같은 짓인지는 '묵자'가 증명해주고 있어. 2000년간 묻혀 있었지만, 묵자의 생각은 다시 살아나 우리 앞에 그 모습을 드러냈잖아?

여기서 우리가 생각해야 하는 건, 그렇다면 과연 묵자의 생각이 '왜 2000년간 사람들의 기억 속에서 사라졌는가'란 대목이야.

1장 진보 vs 보수

"에이, 인기가 없으니 그랬겠죠."

"유명 강사들처럼 내용 좋고, 강의 잘하는 훌륭한 사상가들한테 밀린 거 아니에요?"

이렇게 생각할 수도 있겠는데, 그건 아냐. 묵가(墨家)는 공자의 유학(儒學)을 위협할 정도의 위세를 자랑했거든.

가장 큰 학파는 유가와 묵가이다(一世之顯學 儒墨也).

─《한비자(韓非子)》중에서

공자와 묵자의 제자들이 천하에 가득하다(孔墨之弟子徒屬 滿天下).

─《여씨춘추(呂氏春秋)》중에서

춘추전국시대. 어지러운 세상을 안정시키기 위해 수많은 이들이 세상에 나왔다는 건 지난 3권에서 얘기했지? 이들을 가리켜 사람들이 '제자백가(諸子百家)'라고 한다고 했잖아. 수많은 학설과 학파가 난립했지만, 가장 큰 세력을 형성한 건 유묵도법(儒墨道法)이었어. 공자로 대표되는 유가(儒家), 묵자로 대표되는 묵가(墨家), 노자로 대표되는 도가(道家), 한비자로 대표되는 법가(法家)였다는 말이야. 3권에서 설명했듯이 공자가 주창한 유가는 2500년이 지난 오늘날까지도 우리 삶에 영향을 끼치고 있어. 그런데 이 유가와 맞먹을 정도의 세력을 자랑했던 게 바로 묵가였어. 묵가의 주장은 다른 사상에 밀릴 정도로 '내용 없는' 사상이 아니야. 오히려 내용이 너무 '좋아서' 탈이었다고나 할까.

"쟤들, 너무 잘나가는 거 아냐?"

"일반 민중에게 저런 '위험한' 사상을 전파하면, 우린 나중에 어떻게 되는 거지?"

"어떻게 되긴. 낙동강 오리알 신세 되는 거지."

"젠장, 막아! 무조건 막아!"

"어떻게 막아? 어지간한 학생들은 묵가로 달려가 수강신청하고 난리도 아냐."

"뭐가 그렇게 매력적인 걸까?"

"모든 사람이 하늘 아래 평등하고, 다 같이 사랑하며, 다 함께 일하고, 평등하게 나눠서 행복하게 살자고 하니 혹하지 않겠어?"

"아니, 이것들이! 온 누리에 사랑을 외친 예수야? 아니면, '만국의 노동자여 단결하라'고 외친 마르크스야? 좋다는 건 죄다 갖다 붙였잖아!"

"아! 이건 못 이겨."

묵자란 인물에 대해 평가한 말들 중에서 내가 가장 좋아하는 것이 하나 있어.

"작은 예수요, 큰 마르크스다."

이건 양계초(梁啓超)가 한 말이야. 예수를 모르는 친구는 없지? 우리에게 '크리스마스'라는 휴일을 선물해준 분이잖아. 우리가 잘 알고 있듯이 '기독교'가 제일 중요한 가치로 삼는 것이 바로 '사랑'이야. 양계초가 묵자를 '작은 예수'로 평가한 이유이기도 해. 그럼, 마르크스는 누굴까? 불과 30여 년 전까지만 해도 이 사람의 이름을 들먹이면

양계초

중국의 근대 사상가, 개혁가, 교육자야. 강유위(康有爲)
의 제자였어. 훗날 스승과 함께 청나라의 개혁운동인
변법자강운동(變法自彊運動)에 참여했지만, 서태후와 보
수파의 반발로 실패로 끝나자 일본으로 망명해. 청나
라 멸망, 신해혁명(辛亥革命), 중화민국 건국 등등 시대의 격변기에 정치가로,
저술가로 활약한 인물이야. 🙂

마르크스

독일 출신의 철학자, 역사학자, 사회학자, 경제학자이
자 언론인이야. 한때 우리나라에선 이 사람 책을 읽을
수 없었어. 마르크스가 쓴 책을 소지하고 있다는 이유
만으로 어디론가 끌려가 조사받고 고문을 받는 일까지
있었지. 그가 남긴 명언 한마디만 들어도 그 이유를 짐작할 수 있을 거야. "만
국의 노동자여 단결하라!" 한때 우리나라에선 마르크스를 두고 '원조 빨갱
이', '빨갱이의 아버지'라고 비난하며 절대 가까이 해서는 안 되는 인물로 교
육하곤 했어. 하지만 마르크스를 빼놓고 19세기 말부터 20세기까지의 사상
사를 이야기할 수 없어. 정치, 경제 문제가 마르크스의 입장에 서느냐, 그렇
지 않으냐의 문제로 환원될 정도였으니까 말이야. 과거 냉전 시절 공산권과
비공산권으로 세계가 나뉘어 싸웠던 걸 생각해봐. 그러니까 마르크스는 우
리가 알고 있는 공산주의의 시작을 알린 인물이라고 봐도 무방해. 🙂

삶이 불편해지는 걸 감수해야 했어. 어째서 우리나라는 마르크스의
생각을 금기시했을까? 간단해. 그가 주장한 내용 때문이야.

"인간의 모든 역사는 계급투쟁의 역사다."

"부르주아지는 인간의 존엄을 교환가치로 녹여버렸고, 인간의 자유를 단 하나의 파렴치한 상거래의 자유로 대체했다."

"당신들의 법과 사상은 부르주아지의 생산체제와 소유관계의 부산물이고 지배수단과 도구에 불과하다."

"한 시대의 지배사상은 늘 지배계급의 사상이다."

"프롤레타리아트가 잃은 것이라곤 족쇄뿐이요, 얻을 것은 세계다. 만국의 노동자여 단결하라!"

뭔가 어려운 용어가 섞여 있지만, 듣다 보니 주먹 쥐고 일어서야 할 것 같지 않아? 여기에 소개한 내용은 마르크스와 그의 친구 엥겔스(Friedrich Engels)가 공동으로 집필한 명저(名著)《공산당선언》에서 발췌한 거야. 개인적인 평가지만,《공산당선언》처럼 사람의 심장을 요동치게 만드는 문장은 없다고 봐. 1318 청소년 사상사 시리즈에서도 마르크스의《자본론》과《공산당선언》을 꼭 다룰 거야.

'부르주아지(bourgeoisie)'는 자본가 계급을 말해. 쉽게 말해서 '돈 많은 사람들'을 말하지. 눈치 빠른 친구들은 프롤레타리아트(proletariat)가 무산 계급을 의미한다는 걸 알아챘을 거야. 쉽게 말해 '돈 없는 사람들'을 의미해.

가난한 사람들은 흔히 "우리가 게을러서, 노력하지 않아서 가난하다"라고 생각하는 경우가 많아. 물론 그런 사람도 있겠지. 하지만 이

엥겔스

마르크스의 친구이자 후원자였어. 사실 후원자란 표현
은 너무 고상하고, 엥겔스가 마르크스를 먹여 살렸다
고 봐도 돼. 엥겔스는 아버지의 회사를 물려받아 경제
적으로 넉넉했거든. 엥겔스는 계속 마르크스의 생활비
를 대줬어. 하지만 단순히 경제적 지원만 한 건 아냐. 같이 《공산당선언》이
라는 불후의 명작도 썼고, 마르크스가 《자본론》 1권만 남기고 죽자 나머지
원고를 정리해서 《자본론》 2, 3권을 출판하기도 했지. 엥겔스가 없었다면
우리는 마르크스를 기억할 수 없었을 거야.

사회가, 이 나라가 구조적으로 잘못되어 우리가 가난에서 벗어날 수
없다고 한다면 어떨까?

"에이, 설마! 나라에서 국민들을 구태여 가난하게 만들 이유가 없
잖아요?"

"부강한 나라가 되려면 모든 국민이 함께 잘사는 사회를 지향해야
하는 거 아니에요?"

그 설마가 사람 잡는 거야. 자, 여기서 처음 얘기했던 마우스랜드
를 다시 떠올려보자. 고양이들은 부르주아지를 의미해. 돈을 많이 번
사람이 모두 나쁘다는 건 아니지만, 부유층이 더 많은 돈을 벌 수 있

도록 '법'을 자신들에게 유리하게 바꾼다면 어떻게 될까? 아니면 처음부터 가난한 이들의 돈을 빼앗기 위한 법이나 제도를 만들어서 돈을 번다면? 마우스랜드의 고양이들이, "쥐구멍은 고양이의 발이 들어갈 수 있도록 커야 한다"는 식으로 법을 만든 것처럼 말이야. 여기서 우리가 주목해봐야 하는 말이 나오지.

"한 시대의 지배사상은 늘 지배계급의 사상이다."

엄밀히 말해 마우스랜드의 지배자는 고양이들이었어. 겉으론 생쥐들의 나라이지만 그 실상은 고양이들의 천국이지. 토미 더글러스의 우화에 직접 등장하지 않지만, 고양이들은 마우스랜드의 지배자

이기에 자신들의 행동을 합리화하는 '사상'을 가지고 있었을 거야. 그리고 이걸 생쥐들에게 강요 혹은 교육했겠지?

마르크스는 노동자를 착취하는 사회에 항거하고 노동자의 단결을 통해 세상을 바꾸려고 했어. 가진 자들에게 빼앗기지 않는 세상을 이루려고 한 거야. 이런 생각을 받아들인 사람들이 사회주의 국가를 만들었어. 북한과 전쟁을 치른 한국의 특수한 상황 때문에 사회주의에 대해 색안경을 끼고 바라보는 사람들이 많지만, 사실 사회주의가 없었다면 오늘날 우리가 누리고 있는 다양한 복지제도가 존재할 수 없었을 거야.

그래서 앞에서 강조했잖아. 사회란 안경의 오른쪽 알과 왼쪽 알에 해당하는 두 가지 시각으로 균형감 있게 봐야 한다고. 이런 관점에서 본다면 묵자는 마르크스보다 2000년이나 앞서 노동자의 마음을 대변했던 사상가로 파악할 수 있어.

뿔 달린 사슴, 날아다니는 새들 같은 금수와 벌, 나비 같은 벌레들은 그들의 깃털로 옷을 삼고 그들의 발굽으로 신을 삼고 그들의 물풀로 음식을 삼는다. 그러므로 수놈은 밭 갈거나 씨 뿌리지 않고 암놈은 실을 잣거나 길쌈하지 않는다. 먹고 입을 것을 걱정하지 않아도 하늘이 이미 마련해주었던 것이다. 그러나 사람은 이들 짐승과는 달리 노동에 의지해야만 살아갈 수 있고 노동하지 않으면 살아갈 수 없는 존재다.

─《묵자》비악(非樂) 상(上)편 중에서

바로 이 지점에서 묵자의 탁월함이 돋보인다고 할까? 세상에 여러 사상가가 존재했지만, 노동의 의미와 중요성을 말한 이는 묵자가 처음이었어. 묵자는 노동이야말로 인간의 주요한 특징이라고 말한 거야. 공자가 '예(禮)'를 말할 때 묵자는 노동하는 사람들 옆에서 노동의 의미와 중요성을 이야기하고, 실제로 노동을 몸으로 실천했어. (묵자를 노동자 출신의 사상가로 보는 견해도 있어.) 권력층이 아닌 노동자 계층을 위한 사상을 설파하며 이를 현실로 이뤄내기 위해 자신의 삶을 던졌지. 그야말로 '노동자를 위한 첫 사상가'로 봐야 하지 않을까? 양계초가 묵자를 '큰 마르크스'라고 평가한 이유를 이젠 알겠지?

2

유가와
묵가

묵자는 유가의 학문을 배웠고, 공자의 사상을 받아들였다. 그러나 묵
자는 유가의 예(禮)가 너무나 번잡하게 생각되어 좋아하지 않았다. 장
례를 후하게 지내는 것은 재물을 너무 소비해 백성들이 가난하게 되
고, 오래도록 상복을 입는 것은 건강을 해치고 일에 방해가 된다고 여
겼기 때문에 주(周)나라의 문화를 물리치고 하(夏)나라의 문화를 따랐다.

—《회남자(淮南子)》중에서

《회남자》는 BC 120년경인 한나라 초기에 편찬된 백과사전 같은
책이야. 여길 보면 묵자는 유학을 공부한 사람으로 나와. (뒤에 다시 설
명하겠지만, '묵자'라는 인물에 대해서는 다양한 견해가 존재해.)《회남자》에 기
록된 내용을 현대적으로 재구성한다면 이렇게 표현할 수 있을 거야.

"선생님의 학문을 배웠지만, 이 학문으로 세상을 구할 순 없습니
다! 유학은 현실세계와 너무 동떨어져 있고, 민중의 삶을 피폐하게
만들 뿐입니다. 저는 저만의 학문을 만들겠습니다!"

1장 진보 vs 보수

이걸 보면 묵자는 유학에 대해 부정적인 생각을 갖고 있었던 게 분명해. 실제로 《묵자》를 보면, "대놓고 유학을 비판하려고 만든 책 아냐?" 할 정도야. 책 이곳저곳에서 틈만 나면 유학을 비판하는 것도 모자라 비악(非樂), 비유(非儒) 등등 아예 하나의 독립된 내용으로 '본격적으로' 유학을 비판하기까지 해. 어느 정도인지 슬쩍 맛을 보기로 할까?

❶ 이들은 화려한 장례와 오랜 상례라는 것도 습관을 편리하게 생각하고 풍속을 의롭다 생각한 것뿐이다. 윗사람들은 이것을 정치로 이용하고 아랫사람에게는 습속이 되어 끊임없이 행해지다 보니 이제는 붙잡고 놓을 수 없게 된 것이다. 이것을 어찌 인의(仁義)의 도리라고 하겠는가?

— 《묵자》절장(節葬)편 중에서

❷ 백성에게는 세 가지 근심이 있다. 주린 자가 밥을 얻지 못하고, 헐벗은 자가 옷을 얻지 못하고, 수고로운 자가 쉬지 못하는 것이다. 이 세 가지는 민중에게 가장 큰 근심이다. 그런데 그것을 다스리고자 종과 북을 울리고 가야금과 비파를 타고 피리와 생황을 불며 칼춤을 춘다면, 백성이 먹고 입을 재물을 얻을 수 있겠는가? 나는 결코 그렇지 않다고 생각한다. 아니면 천하의 어지러움이 다스려질 수 있겠는가? 나는 결코 그렇지 않다고 생각한다.

— 《묵자》비악(非樂)편 중에서

❸ 유가들은 운명을 내세우며 게으르고 가난하면서도 고고한 척하며 생산 활동을 천시하고 오만하고 안일을 탐한다. 먹고 마시는 것은 탐내면서도 노동은 싫어하여 헐벗고 굶주려 굶어 죽고 얼어 죽어도 거기서 벗어날 길이 없다.

—《묵자》비유(非儒) 하(下)편 중에서

❹ 옛날의 훌륭한 것은 계승하고, 지금 필요하고 좋은 것은 창작해야 좋은 것이 더욱 많아진다.

—《묵자》경주(耕柱) 중에서

유가를 비판한 대목을 살펴보면 얼마나 날이 서 있는지 금방 알 수 있지? 여기서 의문이 들지 않아? 어째서 묵자는 유가를 이렇게 비판했던 걸까? 우선 유가의 학문 자체의 문제와 학문 밖의 문제로 나눌 수 있어. 학문 밖의 문제를 살펴보자면, 공자 사후 유가의 제자들 중 타락한 이들이 등장한 거야. 묵자는 이들을 비판한 거지. 묵가의 세력이 유가와 대등할 정도가 됐다는 건 이 당시 공자의 후예들이 시원찮았다는 증거이기도 해.

하지만 진짜 문제는 유가의 학문 자체에 근본적인 문제가 있다는 지점이야. ❶ 절장편에서 비판하는 내용은 척 봐도 이해할 수 있겠지? 부모님이 돌아가시면 공자는 3년상을 치러야 한다고 했어. 여기서 잠깐《논어》의 내용을 보기로 할까?

재아(宰我)가 물었다.

"부모에 대한 3년상은 너무 깁니다. 위정자가 3년 동안 예식을 시행하지 않으면 예식이 반드시 폐기되고, 3년 동안 음악을 하지 않으면 음악이 전해지지 않게 될 것입니다. 묶은 곡식이 다 할 무렵은 바로 새 곡식이 여무는 때입니다. 불씨를 뚫어 불을 피우는 것처럼 1년이면(期) 모든 것이 바뀌는 것이니 1년만 하면 좋지 않겠습니까."

공자께서 물으셨다.

"부모 돌아가시고 1년 만에 기름진 음식을 먹고 비단옷을 입으면 너는 편안하겠느냐?"

"편안합니다."

"네가 편하다면 그렇게 해라. 무릇 군자는 상 중에는 음악을 들어도 기쁘지 않고 어디를 거처해도 편안하지 않기 때문에 하지 않는 것이다. 지금 네가 편안하다고 하니 그렇게 해라."

재아가 나가자 공자께서 이르셨다.

"여(予, 재아의 이름)는 인하지 못하구나. 자식은 태어나 3년은 지나야 부모 품에서 벗어날 수 있기에, 무릇 부모를 위해 3년상을 치르는 것이 천하에 통하는 상례인 것이다. 여도 태어나서 3년 동안 그 부모에게서 사랑을 받았을 텐데."

—《논어》양화편(陽貨篇) 중에서

재아는 어쩌면 묵가에 어울리는 인물이었을지도 모르겠어. 아니, 사실상 이게 거의 대부분의 사람들이 느끼는 솔직한 심정일 거야. 부모님이 돌아가신 슬픔은 충분히 이해하지만, 살아 있는 사람에게는 '생활'이 남아 있잖아? 효심이 깊더라도 돈이 없다면 3년 동안 생계를 포기하고 상을 치를 수는 없어. 그런데 문제는 유교가 지배사상이 되면서부터야. 3권에 소개했듯이 유교가 '정치적인 철학'이라고 정의한 대목이 있잖아.

'군군신신 부부자자(君君臣臣 父父子子).'

왕은 왕답게 행동하고, 신하는 신하답게 처신하고, 아버지는 아버지답게 행동하고, 자식은 자식답게 제 할 도리를 다하면 된다는 '정명론(正名論)' 기억나지? 이런 유교의 가르침이 국가의 지배원리가 되면서 지배와 종속의 개념으로 바뀌어버렸잖아? 왕은 백성을 자식처럼 사랑하고, 백성은 임금을 부모처럼 섬겨야 한다는 거야. 이건 뒤틀린 '예(禮)'에 지나지 않지만, 유교의 핵심 가치인 충(忠)과 효(孝)가 지배층의 질서체제를 유지하는 원리로 작동하기 시작한 거야.

조선시대엔 강상죄(綱常罪)가 있었어. 부모나 형, 누이를 죽이거나 아내가 남편을 죽이는 경우, 종이 주인을 죽인 경우 등이 이에 해당해. 살인에 해당하니 오늘날 기준으로 봐도 중범죄에 해당하긴 하지만, 조선시대는 특히 처벌이 엄격했어. 반란죄와 동급으로 취급

했거든.

"강상죄를 범한 본인은 사형! 그 가족은 모두 노비로 삼고, 범인의 집은 없애버린다. 그리고 범죄가 일어난 고을은 읍호를 낮추고, 해당 고을 수령은 파직한다!"

어때? 무시무시하지? 성리학을 지배체제로 받아들인 조선은 충과 효로 일상을 지배하는 강력한 질서를 구축한 거야. 효를 실천하는 마음은 아름다워. 서로 권하고, 지키고, 아름답게 가꿔가야 할 미덕이지. 그렇지만, 모든 일에는 중용(中庸)이 필요해. 효도를 하겠다는 마음은 갸륵하지만, 부모님 돌아가셨다고 모두가 3년상을 치르다가는 일상생활이 불가능할 거야. 자식이 초상을 치른다며 유교식 예법에 묶여 밤낮으로 3년씩이나 고생하는 모습을 본다면, 돌아가신 부모님 마음이 편치는 않을 것 같아.

묵자는 이런 허례허식을 비판한 거야. 실용적인 접근이라고 해야 할까? 이런 부분은 ❷번 비악(非樂)편에도 잘 나와 있어.

백성에게는 세 가지 근심이 있다. 주린 자가 밥을 얻지 못하고, 헐벗은 자가 옷을 얻지 못하고, 수고로운 자가 쉬지 못하는 것이다. 이 세 가지는 민중에게 가장 큰 근심이다.

2 유가와 묵가

묵자가 말한 민유삼환(民有三患, 보통 '삼환'이라고 해)은 이 책을 읽는 여러분에겐 크게 와닿지 않을지도 모르겠어. 하지만 학교를 졸업하고 사회인이 되어 세상을 살아가다 보면 이게 얼마나 일상을 좌지우지하는지 깨닫게 될 거야. 2500여 년 전이나 지금이나 사실상 우리 삶이 별반 달라진 게 없다는 점이 조금 처량하게 느껴지기도 해. 그런데 뒤집어 생각한다면, 2500여 년 전에 '민중의 삶'을 돌아보고 고민한 묵자의 사상이 얼마나 혁신적이고 진보적이었는지를 확인할 수 있는 대목이야.

묵자가 유가를 비판하는 지점은 바로 그다음이야.

그런데 그것을 다스리고자 종과 북을 울리고 가야금과 비파를 타고 피리와 생황을 불며 칼춤을 춘다면, 백성이 먹고 입을 재물을 얻을 수 있겠는가? 나는 결코 그렇지 않다고 생각한다. 아니면 천하의 어지러움이 다스려질 수 있겠는가? 나는 결코 그렇지 않다고 생각한다.

이 내용은 명백히 유가를 염두해 쓴 문장인 걸 알 수 있어. 유교에서는 예식(禮式)이 있는 곳에 음악이 있었거든. 좀 과장하자면, 유교는 예악(禮樂)으로 몸을 닦고, 예악으로 나라를 다스리는 학문이었어.

악(樂)에는 시와 노래, 춤이 다 포함돼 있어. 음악이란 게 들어보면 알잖아? 마음이 편해지고, 흥겨워지고, 지루하지가 않잖아. 유교는 이 '악'이 예절이 주는 긴장감과 압박감을 해소해주고, 엄숙하기만

3년상 96일째,
999일 남음

살려주세요!!!

한 예식을 부드럽게 만들 수 있다
고 생각했지. 그런데 묵자는 이걸
통렬하게 비판한 거야.

"밖에 나가면 굶주리고 헐벗은 백성이
넘쳐나는데, 춤추고 노래한다고 배고픔
과 헐벗음이 해결되는가?"

맞는 말이잖아? 춤추고 노래한다고 백성의 삶이 나아질 리 없지. 예악에 들어가는 비용이 과연 어디서 나올까? 이렇게 보면 낭비되는 돈을 절약해서 백성들에게 돌려주는 편이 차라리 더 현명한 판단이 아닐까?

❸번 내용도 마찬가지야. TV 사극 속에 등장하는 선비들의 모습이 꼭 이래. 굶어 죽을 것 같은데도 체면치레를 위해 농사나 장사 같은 걸 안 해. 한마디로 지배층은 노동을 천시했던 거야. 묵자는 바로 이런 모습을 비판한 거야. 묵자는 언제나 실용과 실리를 내세웠어. 그런 묵자로서는 고고한 체하며 일하지 않는 유가의 선비들이 고까웠던 거야.

여기까지는 당시 유가의 제자들이 보여준 '행동'들과 유가의 그늘진 모습. 그러니까 그 마음은 이해하더라도 형식적으로 흐르면 허례허식이 되고 마는 대목들을 지적한 것이라고 할 수 있어. 정작 묵가와 유가의 차이가 본질적으로 드러나는 지점은 ❹번 경주(耕柱)편이야. 묵자가 이 말을 한 건, 유학자인 공자, 맹자의 말 때문이었어.

"군자는 창작하지 않고 옛것을 계승할 뿐입니다."

이 말, 어디서 들어본 것 같지 않아? 그래, 맞아. 3권에 나오는 '술이부작(述而不作)'이야. 《논어》 술이(述而)편의 핵심 내용이기도 하지.

　　　　　　　　　　　　　　1장 진보 vs 보수

선현의 말을 전하기는 하되 새로 짓지 않는다는 뜻이지. 공자의 복고 (復古, 옛날로 돌아간다) 정신이 잘 드러난 대목이라고 할 수 있어. 그런데 이에 대해 묵자는 반론을 제기해.

"옛날 것 중에서 좋은 건 계승하면 되고, 지금 필요하고 좋은 것은 창작할 때 좋은 것이 더욱 많아지는 것이다."

앞에서 보수와 진보가 어떻게 다른지 살펴봤잖아? 이런 시각에서 보면 유가는 보수였고, 묵가는 진보였던 거야. 이 둘은 서로 대립하지만 결국 서로가 없으면 굴러갈 수 없는 자동차의 브레이크와 액셀러레이터 같은 관계였어. 유가와 묵가는 서로의 단점을 공격하고, 방어하면서 세력을 키웠을 뿐만 아니라 자신들의 학문 체계를 가다듬었거든.

공자는 유가를 창시했고, 그 학문을 비판하며 묵가가 성장했지. 그리고 묵가의 비판에 맞서 유가를 다시 추스른 이가 바로 맹자(孟子)였어. 그러니까 학문적인 '도전과 응전의 역사'였던 셈이지.

우리는 유교 하면 흔히 "공자 왈, 맹자 왈" 하는 식으로 외는 학문이라고 생각하잖아? 유가에 수많은 학자가 있었지만, 맹자는 공자와 더불어 유교를 이끈 중추적인 인물로 알려져 있지. 공자가 주창한 '인(仁)'을 현실정치에 적용하기 위해 논리적으로 체계화한 인물이 맹자이기 때문이야. 그러니까 유교 입장에선 굉장히 중요한 사람인 셈이야. 여기에 이견은 없을 거야.

하지만 맹자가 부각된 속사정은 제대로 살펴볼 필요가 있어. 공자는 기원전 479년에 죽었어. 맹자의 생몰연대를 정확히 알 순 없지만, 기원전 372년에 태어나 기원전 289년에 죽었다는 학설이 유력해. 공자와 맹자 사이가 시기적으로 꽤 차이가 나지? 그사이에 활동한 것으로 추정되는 사상가가 바로 묵자야. 묵자 역시 생몰연대를 정확히 확인할 순 없으나 기원전 480년경에 태어난 걸로 보고 있어. 그러니까 공자-묵자-맹자의 순으로 태어났다가 사라진 걸로 보면 돼. 갑자기 위인들의 생몰연대를 따진 이유는, 맹자가 한 발언 때문이야.

"세상이 온통 묵적(墨翟)과 양주(楊朱)의 사상뿐이다."

"양주와 묵적의 궤변을 물리칠 수 있는 자는 성인(聖人)의 무리이다."

묵적은 묵자를 말하고, 양주는 '털'과 관련이 깊은 사상가야. "내 터럭 하나를 뽑아 천하에 이익이 되더라도 하지 않겠다!"라는 말로 유명한 인물이지. 개인주의 혹은 이기주의로 보일 수도 있어서 늘 묵가와 비교되는 인물이기도 한데, 당시 사람들 사이에서 상당한 인기를 누린 것 같아.

양주의 생각을 들으면서 뭔가 감이 오지 않아? 잘 모르겠다고? 그럼 설명을 잘 들어봐.

1장 진보 vs 보수

양주

중국 전국시대의 학자야. 그의 생각을 두고 사람들은 위아설(爲我說), 즉 개인주의 혹은 이기주의의 선구자로 부르곤 해. 양주의 말만 들으면 "와, 정말 이기적이네? 자기 몸만 생각하는 거잖아?" 하고 생각할지도 모르지만, 좀 더 들여다봐야 해. 당시는 전쟁이 끊이지 않는 전국시대였어. 국가는 백성들에게 허울 좋은 명분을 내세워 희생을 강요했지. "너의 희생으로 이 국토를 지킬 수 있다. 이 얼마나 아름다운 일인가? 너의 희생은 역사가 끝날 때까지 기록될 것이다." 이런 식으로 백성들에게 국가가 대놓고 사기를 친 거야. 국가가 사회나 민족 '따위를' 팔며 개인에게 희생을 강요한 것이 바로 동서고금의 역사이기도 해. 그 결과는 어땠을까? 전쟁을 일으킨 기득권층만 늘 이득을 챙겼잖아? 양주는 이러한 부당함에 치를 떤 거야. 사람이 자신만을 생각하고 챙긴다면, 궁극적으로 개인만이 아니라 사회 전체에 득이 된다는 생각을 한 거지.

❶ 공자가 유가의 토대를 닦고 세상을 떠났어.

"나는 이만 떠날 때가 되었구나. 그러니 너희가 유가 학원을 발전시켜야 한다."

"흑흑, 걱정 마세요 선생님. 유가를 전국 제일의 명문 입시… 아니, 명문 철학 학원으로 만들게요."

❷ 그런데, 막상 시간이 흐르니까 제자들이 나태해진 거야.

"대충 선생님이 하던 대로 가르치면 되지 않을까?"

이러다 보니 유가는 발전 없이 제자리걸음을 하게 되고, 그 틈을 타 묵자가 확 치고 나온 거야.

"춤추고 노래한다고 민중의 삶이 나아지겠는가? 삶에 힘들고 지친 민중이여, 나에게 오라!"

묵가의 인기는 폭발적이었어. 처음엔 장난인 줄 알았는데, 어느새 유가의 세력을 위협할 정도로 커져 버린 거야.

"크, 큰일이야! 당장 묵가 애들 코를 납작하게 만들 특별 강좌를 열어야 해!"
"어떻게요?"
"교재 연구도 하고, 방학 특강과 인강을 활성화하고…."
"교재가 너무 오래된 거라 유행에 맞지 않잖아!

뜰 만한 스타강사도 좀 모셔!"

"이대로 묵가에 학생 뺏기는 걸 두고볼 수는 없어!"

❸ 이런 위기 상황에서 유가에 새로운 슈퍼스타가 등장하게 돼. 바로 맹자였어!

"남의 아버지까지 사랑하는 묵가의 겸애(兼愛)는 아비가 없고, 왕도 없는 학문이다(無父無君)! 이건 짐승의 사랑이다!"

유가의 침체기에 등장한 맹자는 묵가를 맹렬히 공격하기 시작했어. 낡은 학문이라 외면받던 유가를 체계화하고, 논리적으로 다듬은 다음 가차 없이 묵자의 논리를 반박한 거야. 특히 '모든 사람을 동등하게 사랑하라'는 묵자의 겸애(兼愛)를 반박했어.

"널 낳아주고 키워준 부모님이랑 생판 모르는 아저씨가 어떻게 똑같아? 예를 들어보자. 네가 사는 집에 불이 났어. 근데, 사다리는 하나뿐이야. 엄마, 아빠를 구할래 아니면 생면부지 아저씨를 구할래?"

"당연히 우리 엄마랑 아빠부터 구해야죠!"

"그렇지? 그러니까 묵가를 따르면 안 돼! 묵가가 백성을 위하는 것 같아 좋아 보이지? 하지만 그 실체는 부모를 우습게 여기고, 왕도 따르지 않는 무서운 학문이야."

어때? 맹자가 뭘 공격했는지 감이 잡히지? 이건 개인적인 의견이지만, 맹자는 묵자 덕분에 이름을 알린 사상가일지도 몰라. 도전에 대한 적절한 응전. 그러니까 묵가의 거센 도전 앞에서 유가를 지켜내기 위해 공자의 말을 현실에 적용할 수 있도록 논리를 한층 가다듬고, 학문의 체계를 다시 잡은 거지.

이처럼 춘추전국시대를 대표하는 보수 학문 '유가'와 진보 학문 '묵가'는 열띤 공방을 주고받았기에 한층 발전할 수 있었던 거야. 학문이나 사상을 없애고 싶다면, 사람을 공격할 게 아니라 논리와 연구로 맞장을 떠야 해. 책을 읽지 못하게 하거나 사람을 감옥에 잡아넣는다고 없앨 수는 없어. 기억나지? 생각을 가둘 순 없다는 토미 더글러스의 얘기 말이야. 유가와 묵가는 보수와 진보를 대표하는 학문으로서 서로의 '논리'를 첨예하게 가다듬으며 싸웠기에 지금까지 그 이름을 남길 수 있었던 거야.

잊지 마. 누군가가, "이건 위험한 사상이야! 우리 사회를 위해 이 사상은 금지해야 해!" 하고 말한다면, 그 사람은 '악당'이라고 봐도 무방해. 누구든 자유롭게 자기 생각을 말할 자유와 권리가 있어. 나와 다른 생각이라고 할지라도 사람들의 판단에 맡겨야 할 문제야. 공권력을 이용하여 누군가의 생각을 통제하고 막으려 한다면 전체주의 사회가 되고 말 거야.

묵자,
천하를 이롭게 하는 삶

묵자(墨子)는 성이 묵(墨)이고 이름은 적(翟)이야. 그런데 이름을 빼놓고는 확실한 정보가 없어. 아니, 사실은 이름부터가 미스터리이기도 해. 여러 가지 견해가 난무하거든.

"형벌 중에 죄명을 몸에 새기는 묵형(墨刑)이 있잖아. 그러니까 묵자는 아마 죄인이었을 거야."

"무슨 소리야? 노동자 출신이라 햇볕에 그을려서 피부가 좀 검었을 뿐이야."

"외국인 아니었어? 인도나 아랍 쪽 사람이라서 피부색이 그런 걸로 알았는데…?"

묵자는 언제 태어났는지도 아리송해. 가장 유력한 학설이 공자가 죽은 뒤에 태어났다는 거야. 기원전 480년 언저리로 추측하지. 게다가 출생지에 관해서도 의견이 분분해. 송(宋)나라 출신이라는 설부터 시작해 노(魯)나라 출신이라는 설은 물론, 외국인이라는 얘기까지 있

1장 진보 vs 보수

는 상황이야.

묵자가 어디에서 태어나 어떤 공부를 했는지에 관해서는 알려진 바가 없지만, 그가 공부를 제대로 한 '지식인'이란 사실은 분명해. 근거가 있냐고? 물론이야. 그가 남긴 학설을 보면 알 수 있지.《묵자》곳곳에서 유가를 거세게 비판하잖아? 유가를 공부하지 않고서 제대로 된 비판을 할 수 있었겠어?

이런 지점에서 묵자는 유가를 공부한 학생이었으나 공자의 생각이 마음에 들지 않아서 자신만의 학파를 새로 만들었다고 보는 주장이 설득력이 있지. 뭘 비판하려면 우선 제대로 알아야 하잖아? 내 나름대로 이걸 해석하자면, "지금 민중이 전쟁으로 죽어나가는데, 언제 인(仁)을 찾고, 언제 예(禮)를 차립니까? 이런 뜬구름 잡는 학문으론 세상을 구할 수 없어요. 저는 세상을 구할 저만의 학문을 만들겠습니다!" 하고 유가를 비판하지 않았을까 싶어.

그런데 문제는 묵자가 그 당시로서는 너무 파격적이고, 정열적이고, 똑똑했다는 거야.《묵자》를 읽으며 한숨이 절로 나왔어. 묵가가 명맥이 끊어지지 않고 계속 이어졌다면, 우리 삶이 어떻게 바뀌었을까를 생각하니 너무 아쉬워서 그래.

《묵자》를 통해 알 수 있는 묵자의 면면을 보면, 그는 서양에서 학문의 아버지로 추앙받는 아리스토텔레스와 비교할 만한 인물이야. (동서양의 사상가를 비교한다는 것 자체가 조금 우스운 이야기이긴 하지만.) 동물학자이자 생물학자이면서 수많은 학문을 만들어낸 아리스토텔레스처럼 묵자의 학문 또한 넓고도 깊어.

"묵자는 공자에 반대한 사상가 정도 아니에요?"

"그건 묵자의 일부분일 뿐이야. 묵자는 기하학자이자 물리학자이면서 동시에 뛰어난 기술자이기도 해."

"위대한 사상가인 동시에 뛰어난 기술자라고요?"

"이공계 쪽에 가까워서 그런지, 묵자는 현실주의자이자 공리주의자야."

"현실주의가 뭐예요?"

"현실을 인정하고, 거기서부터 사고하고 행동한다는 거지."

"그럼, 공리주의는요?"

"간단히 말해서 행동의 목적이나 선악의 판단 기준을 모두 인간의 이익과 행복을 증진시키는 것에 초점을 맞추는 거야."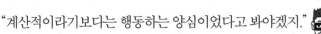

"굉장히 실용적이고 계산적인 사람이란 느낌이 드는데요?"

"계산적이라기보다는 행동하는 양심이었다고 봐야겠지."

"행동하는 양심? 으… 어렵다!"

"춘추전국시대에 묵자는 평화주의자이면서 동시에 반전주의자이기도 했어."

"평화주의는 평화롭게 살자는 것이겠고… 그렇다면 반전주의는 뭐예요?"

"전쟁에 반대하는 태도와 경향을 말해."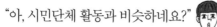

"아, 시민단체 활동과 비슷하네요?"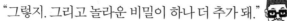

"그렇지. 그리고 놀라운 비밀이 하나 더 추가 돼."

"예? 또 뭐가 더 있어요?"

"묵자는 유능한 군인이었어."

"예? 진짜요? 군 입대한 사람이었어요?"

"그게 아니라, 뛰어난 장군처럼 군사기술과 전략이 뛰어났다는 얘기야."

"평화주의자인데 군사기술과 전략이 뛰어났다니, 뭔가 앞뒤가 안 맞는데요?"

"묵자는 전쟁을 막기 위한 전략에 뛰어났어. 그러니까 침략당하는 나라가 있다면 달려가서 도와주는 거야. 방어전에는 뛰어들어 뛰어난 지략을 펼쳤지만, 침략전쟁은 거부했지. 그러니까 과격한 평화주의자의 면모를 보인다고나 할까?"

"전쟁을 막기 위해 전쟁을 펼친다? 묵자는 좀 무서운 사람 같기도 해요."

"그럼, 묵가의 사상도 군대처럼 딱딱한 내용이었어요?"

"그렇지 않아! 묵자는 평화주의자이면서 평등주의자였고, 공산주의자였어."

"뭐가 그렇게 많아요? 좋은 건 죄다 붙이는 거 아녜요?"

"그래서 묵자가 결국 주장한 건 뭐예요?"

"사랑이라고나 할까?"

"에이~ 반전주의자, 평화주의자, 평등주의자라 해서 뭔가 거창한 게 나올 줄 알았는데, 겨우 사랑이에요?"

"그게 결코 만만한 게 아니야!"

"예? 무슨 뜻이죠?"

사람을 사랑한다는 것은 모든 사람을 두루 사랑한 연후에야 사람을 사랑한 것이다. 그러나 사람을 사랑하지 않는다는 것은 모든 사람을 두루 사랑하지 않기를 기다릴 필요가 없다. 한 사람을 사랑하지 않았어도 사람을 사랑하지 않은 것이라고 말할 수 있다.

—《묵자》소취(小取)편 중에서

묵자의 사랑은 아주 간단하면서도 엄청난 거야.

"지구상에 있는 모든 사람을 사랑하면, 사랑한 거 인정."

"살다 보면 맘에 안 드는 사람도 있을 수 있잖아요."

"네 마음에 안 드는 애는 사랑하지 않겠다는 거야?"

"예."

"그럼 넌 사람을 사랑하지 않는 거야."

"에? 그건 기준이 너무 높잖아요!"

'all or nothing'이라고 해야 할까? 묵자는 모두 사랑하든지, 사랑하지 않든지 선택하라는 거야. 이게 바로 묵자만의 독특한 사랑법인 겸애(兼愛)야. 거칠게 표현하자면, '모두에게 공평한 사랑'인 거지. 묵자에게 따라붙은 많은 수식어가 있잖아. 평등주의자, 평화주의자, 반전주의자, 공산주의자 등등의 말들도 따지고 보면 결국 하나로 모아져. 그게 바로 '겸애'야. 《묵자》에 나오는 수많은 일화와 주장 또한 '겸애'로 설명이 가능해. 묵자의 삶을 한마디로 정리한다면 이렇게 표현할 수 있어.

춘추전국시대의 혼란을 극복하기 위해 '사랑'을 내놓았고, 그 사랑을 실천해 세상을 바꿔놓겠다고 뛰어다닌 삶.

민중의 삶을 챙기고, 침략전쟁에 맞서 반전주의를 외치며 같이 싸워주고, 모두가 평등해지는 삶을 주장한 이면에는 모두를 사랑하는 마음이 있었던 거야. **'가슴은 뜨겁게, 머리는 차갑게'**라는 말이 있잖아? 정말로 묵자는 '판타지 소설' 같은 실현 불가능할 것 같은 사상을 내놓은 다음 그걸 현실로 만들겠다며 냉정하게 방법을 찾고, 그것을 실천하기 위해 온몸을 내던진 사람이었어. 이건 묵가를 공격했던 맹자마저도 인정한 부분이야.

"머리끝에서 발뒤꿈치까지 온몸이 닳도록 천하를 이롭게 하기 위해 노력했다."

묵자를 향해 아버지도 몰라
보는 짐승 같은 놈
이라고 욕

했던 맹자지만, 묵자가 세상을 위해 노
력한 사실만은 인정했어. 멋있지 않아? 내가 묵
자를 좋아하는 이유도 바로 여기에 있어. "세상을 바꾸겠
습니다!"라고 떠드는 정치인이나 사상가, 철학가는 수없이 많아.
그러나 대부분 찻잔 속의 태풍으로 끝이 나지. 그들의 이상이나 꿈이
크면 클수록 실현 가능성은 줄어들어. 말만 번드르르할 뿐 제대로 된
'노력'을 하지 않기 때문이야. 이럴 때 단골로 등장하는 말이 '현실의
벽'이란 평계야.

　반면 묵자는 온몸을 내던져 자신의 사상을 실천했어. 사랑으로 세
상을 바꾸겠다고 천하를 뛰어다녔지. 그리고 놀라운 건 세상 사람들
로부터 인정을 받았다는 거야. 공자는 자신의 철학을 현실정치로 구
현해보겠다고 14년 동안이나 세상을 떠돌았지만 어떤 나라도 공자
를 받아들이지 않았어. 공자 개인으로만 보자면, 실패한 인생이라고
봐도 할 말이 없을 거야. (그의 학문적 성취나 후대에 끼친 영향 등등은 논외

　　　　　　　　　　　　　　　　1장 진보 vs 보수

로 하자고.)

그런데 묵자는 달랐어. 초나라나 월나라 등에서 묵자의 능력을 인정한 거야.

"묵자 선생님, 우리나라로 오시죠?"
"무슨 소리? 선생님, 우리나라로 모시겠습니다. 연봉도 맞춰드리겠습니다!"

각국의 지도자가 나라를 발전시키기 위해 묵자를 부른 거야. 그런데 묵자는 이런 솔깃한 제안을 거절해. 평소 자신이 주장하던 것과 대치됐기 때문이야. 배부르고 등 따습게 살 기회를 마다하고, 묵자는 민중의 곁을 떠나지 않은 거야. 노동자들이 입는 검은 옷을 입고는 발뒤꿈치가 다 닳을 정도로 세상을 떠돌며 민중을 위한 삶을 살았어. 그게 묵자라는 사람의 본질이야.

2장
《묵자》의 가르침

《묵자》를 읽기 전에

《묵자(墨子)》는 묵적(墨翟)과 그가 세운 묵가(墨家) 학파의 사상을 정리한 책으로 보면 돼. 형식은 우리가 흔히(?) 보는 '동양 고전 사상'을 담은 책들과 비슷해. 중요한 건 그 내용이잖아? 나는 《묵자》를 말할 때 농담 반 진담 반으로 이렇게 소개하곤 해.

"학문의 화개장터"

화개장터는 경상남도 하동군 화개면에 있던 재래시장을 말해. 화개천이 섬진강으로 합류하는 지리적 특성 때문에 대규모 행상선(行商船)이 들어올 수 있어 시끌벅적한 장터가 들어섰던 거야. 조선 시대 때부터 경상도와 전라도 사람들이 이곳에 모여 온갖 상품을 사고팔았지. 이처럼 《묵자》는 있어야 할 것, 없어도 될 것(정확히 말하면 동양사상으로 보기엔 색다른 내용)이 가득 담겨 있는 책이야.

《논어》처럼 윤리, 철학, 정치에 관한 이야기는 기본으로 담겨 있고, 여기에 더해 민중의 삶에 꼭 필요한 경제 이야기는 물론 논리학에 관련된 글도 나와 있어.

"에이, 뭐 그 정도 가지고…."

이렇게 가볍게 생각할 수 있는데 책을 펼쳐보면 깜짝 놀랄 거야.
《묵자》에 담긴 내용은 이제부터 시작이기 때문이지. 기하학(幾何學, 점,
직선, 곡선, 면, 부피 등 공간의 성질을 연구하는 학문), 역학(力學, 물리학의 한 분

야), 산학(算學, 동양의 수학)까지는 공부 좀 한 사람이라서 넣을 수 있다고 쳐. 그런데 갑자기 광학(光學, 빛의 특성을 연구하는 학문) 관련 글도 나와. 믿지 않을지도 모르겠지만, 묵자는 카메라의 기원인 '카메라 옵스큐라(Camera Obscura, 캄캄한 방의 한쪽 벽에 작은 구멍을 뚫고 빛을 통과시키면 바깥의 풍경이 거꾸로 비쳐. 이게 바로 사진 이미지가 만들어지는 원리에 해당해. 바늘구멍 사진기는 다들 알지?)'에 관련된 기록도 남겼어. 이건 11세기 이슬람의 과학자 이븐 알하이삼이 쓴 《광학의 서(書)》에 실린 내용보다 무려 1500여 년이나 앞선 기록이야. 이 정도면 좀 무서울 지경이야!

그런데 정말로 놀라운 건 그다음이야. 오늘날까지 전해지고 있는

1572년 독일에서 출간된 《광학의 서》에 실린 도판

2장 《묵자》의 가르침

《묵자》의 기록은 53편에 해당하는데, 이 중에서 〈비성문(備城門)〉 이하의 11편은 성(城)을 지키고, 적을 막는 방법에 대한 내용이야. 그러니까 《묵자》 전체 내용 중 20퍼센트 정도가 병법서에 해당한다는 얘기지. 《손자병법》도 아닌데 사상서의 내용 중 군사 관련 기록이 거의 5분의 1을 차지한다니 놀랍지 않아? 그야말로 '학문의 화개장터'와 같은 책이 바로 《묵자》인 셈이야.

앞에서 묵자라는 사람에 대해 소개할 때 눈치를 챈 친구들도 있겠지만, 실용적이고 공리적인 입장에서 민중과 노동자의 편에 서서 세상의 불합리와 불의(기득권자들이 일으킨 무의미한 전쟁)에 맞서 싸우는 실천가의 삶을 살았기에, 묵가(墨家)는 전쟁에 사용되는 무기에 관해서도 해박한 지식을 갖추고 있었던 거야. 허례허식이 아니라 민중의 삶을 개선하고 무의미한 전쟁에서 민초들의 생명을 지켜주는 실용적인 학문이 묵가였기 때문이야.

얼핏 보면《묵자》는 이것저것 잡다하게 섞어놓은 부대찌개 같은 책이지만, 하나하나 살펴보면 묵자가 주창한 '겸애'에 대한 정의, 그리고 이 보편적 사랑을 실천에 옮겨 민중이 행복하게 살 수 있는 온갖 방법을 모아놓은 책이기도 해.

앞에서 말했지? 묵자는 실현 불가능할 것 같은 사상을 세상에 내놓은 다음, 그걸 현실로 만들어보겠다고 냉정하게 방법을 찾은 인물이라고. 어쩌면《묵자》라는 책은 묵자와 묵가가 내놓은 '민중을 위한 유토피아(utopia) 설계도'라고 할 수 있어.《묵자》의 내용을 본격적으로 소개하기에 앞서 몇 가지 이해하고 넘어가야 할 게 있어.

첫째,《논어(論語)》처럼 이 책도 묵자가 직접 쓴 게 아니야. 묵자가 한 말이 포함돼 있지만 상당수는 그의 뒤를 이은 제자나 후학들의 손에 의해 제작된 걸로 보여.

둘째,《한서(漢書)》예문지(藝文志)를 보면 '묵자 71편'이라고 기록돼 있는데 지금까지 전해진 것은 53편이 전부야.

셋째,《묵자》의 목차를 보면, 상현(尙賢) 상·중·하, 상동(尙同) 상·중·하, 겸애(兼愛) 상·중·하, 라고 해서 비슷비슷한 내용인데(같은 주제를 다루면서도 내용이나 사상이 조금씩 달라) 3편으로 나눠서 실은 편들이 보여. 비슷한 내용인데 이렇게 나눠진 건 묵가(墨家)가 3개의 분파로 쪼개진 여파인 듯해.

《손자병법》 고대 중국의 유명한 병법서(兵法書)야. 이걸 쓴 사람은 춘추 시대 오나라의 왕 합려를 섬기던 손무(孫武)로 알려져 있어. (그의 후손인 '손빈孫 臏'이 저자라는 설이 있기도 했는데, 그가 쓴 《손빈병법》과 《손자병법》은 다르다는 사실이 밝 혀졌어.) 《손자병법》은 아마도 인류 역사상 가장 유명한 병법서일 거야. 총 13 편으로 구성돼 있는데, 사람들에게 잘 알려진 "지피지기 백전불태(知彼知己, 百戰不殆, 적을 알고 나를 알면 백 번 싸워도 위태롭지 않다)" 같은 명언이 많이 담겨 있지. 이 책을 높게 평가할 수 있는 이유는, 전쟁을 다루는 책이면서도 전쟁 을 두려워한다는 점이야. 《손자병법》은 전쟁을 벌이기보다 전쟁하지 않고 이길 수 있는 방법, 그러니까 정치나 외교 차원에서 이기거나 적을 굴복시키 는 걸 최상의 방법이라고 말하고 있어. 전쟁의 무서움을 정말로 잘 알았기에 할 수 있는 말이지.

유토피아

영국의 사상가 토머스 모어가 1516년에 쓴 소설에 등 장하는 말이야. 유토피아는 반어적인 의미로 쓰였는 데, 그리스어의 'ou(없다)' 'topos(장소)'를 조합한 말이기 때문이야. 둘을 합치면 '없는 곳'이란 말이 되잖아? 그 러니까 유토피아는 한마디로 말해서 '현실에 존재할 수 없는 이상향' 정도의 의미가 되는 셈이지.

여기까지 이야기했으니, 이제 본격적으로 《묵자》를 들여다볼까? 현재까지 전해지고 있는 《묵자》 53편을 크게 다섯 개의 범주로 나눠 설명할까 해. 하나씩 살펴보자.

●범주1 친사(親士), 수신(脩身), 소염(所染), 법의(法儀), 칠환(七患), 사과(辭過), 삼변(三辯), 총 7편은 묵가의 잡론집이야. 유가의 흔적이 살짝 보이기도 해. 법의(法儀)부터 삼변(三辯)까지는 묵가가 어떤 사상인지 개요를 알려준다고 보면 돼.

●범주2 상현(尚賢) 상·중·하, 상동(尚同) 상·중·하, 겸애(兼愛) 상·중·하, 비공(非攻) 상·중·하, 절용(節用) 상·중, 절장(節葬) 하, 천지(天志) 상·중·하, 명귀(明鬼) 하, 비악(非樂) 상, 비명(非命) 상·중, 비유(非儒) 하, 총 23편은 《묵자》의 핵심 사상을 담고 있어 비유(非儒)를 제외한 상현(尚賢)부터 비명(非命)까지 10개의 편을 '**묵자 십론(十論)**'이라 해서 묵자 사상의 정수(精髓)로 인정하고 있지. 각 편의 주요 내용을 잠깐 살펴보자면, 신분에 구애받지 않고 능력에 따라 사람을 쓰자는 상현(尚賢), 아랫사람과 윗사람의 의견을 같이하라는 상동(尚同), 모든 사람을 차별 없이 사랑하라는 겸애(兼愛), 침략전쟁을 반대하는 비공(非攻), 정부 예산 중 급하지 않은 비용을 아끼라는 절용(節用), 장례를 성대하게 치르는 걸 반대하는 절장(節葬), 하늘의 뜻을 믿고 따르라는 천지(天志), 착한 일은 보상하고, 죄를 지으면 벌을 받게 하는 귀신의 존재를 설명하는 명귀(明鬼), 재물을 낭비하는 음악을 금지하라는 비악(非樂), 그리고 운명론을 비판하는 비명(非命)이야.

어때? 묵자 십론 각각을 놓고 보면 별로 연관성이 없어 보이지? 하지만 그 속살을 들춰보면 '겸애(兼愛)'를 가운데 놓고 '민중을 위한 유토피아 설계도'를 치밀하게 짜놓았다고 볼 수 있어.

"모든 사람을 차별 없이 사랑한다면, 이 세상은 평화롭고 아름다워질 거야."

"그럼 어떻게 해야 하지?"

"겸애를 이루려면, 우선 전쟁이 없어야 해! 전쟁을 결정하는 건 통치자들이지만, 전쟁터에 나가서 죽는 건 백성이니까 말이야. 설사 살아남는다 해도 세금 부담에 등골이 휠 수밖에 없어. 그러니까 침략전쟁은 무조건 반대야!"

이렇게 해서 비공(非攻)편이 나온 거야.

"백성들에게는 세 가지 걱정이 있다. 배고픈 데 먹지 못하고, 헐벗은 데 입지 못하고, 피곤한 데 쉬지 못하는 것이다. 이걸 해결하지 않고는 백성들의 삶을 안정시킬 수 없다!"

이렇게 해서 내놓은 경제 대책이 바로 절장(節葬), 비악(非樂), 절용(節用)편이지. 이 대목은 눈여겨봐야 할 필요가 있는데, 묵가가 얘기하는 경제정책의 핵심은 '절약'이었어.

"먹는 건 배고픔을 채우고, 건강을 지킬 정도면 된다."

"옷은 겨울에 따뜻하고, 여름에 시원함을 더할 정도면 된다."

"집은 겨울에 찬바람을 피하고, 여름에 더위와 비바람을 피할 정도면 된다."

사람이 먹고, 자고, 입는 기본적인 생명 유지 활동을 '최소한'으로 제한한 거야. 한마디로 얘기하자면 기능만 하면 되고, 그 이상은 낭비라는 생각이지. 이렇게 경제대책을 내놓았으니 사회를 운영하는 시스템, 그중에서 이를 직접 운영할 사람들을 어떻게 뽑을까에 대한 방안이 필요하지 않겠어? 이걸 위해 나온 게 상현(尙賢)과 상동(尙同)이야.

"신분이 아니라 능력에 따라 사람을 뽑아야 한다!"

이런 주장을 담은 상현편의 내용은 지금이야 상식으로 들리겠지만, 당시로서는 파격적인 주장이었어. 출신 성분을 따지지 않고, 능력으로 사람을 뽑으라고 했으니까 말이야. 문제는 그다음인데, 아랫사람과 윗사람이 의견을 같이해야 한다는 상동(尙同)이야. 슬쩍 보면 전체주의 느낌이 물씬 풍기지? "윗사람 말에 무조건 따라야 해!" 이런 느낌이랄까? 그러나 이 부분은 전후맥락을 잘 살펴야 하지.

상동의 올바른 해석은 이래.

"윗사람과 뜻을 같이한다."

사회를 운영하는 이들은 모두 상현을 통해 뽑힌 뛰어난 자들이지. 그렇다고 무조건 윗사람과 아랫사람이 뜻을 같이해야 하는 걸까?

옛날에 사람이 처음 생기고 아직 정치조직이 없을 때 사람들은 저마다 자신의 의견을 가지고 있었다. 한 사람이면 한 가지 의견, 열 사람이면 열 가지, 백 사람이면 백 가지 의견이 있었다. 사람들은 각기 자신의 의견이 옳고 남의 의견은 틀리다고 비난했고, 결국 세상은 혼란해져 동물의 세계와 다름이 없어졌다.
—《묵자》상동(尙同) 상편 중에서

묵자가 보기에 태초의 세상은 '만인 대 만인의 투쟁' 상태였던 거야. 정치를 좀 아는 친구라면 이 대목에서 자동반사로 토머스 홉스(Thomas Hobbes)의《리바이어던(Leviathan)》을 떠올릴 거야.

❶ 만인에 대한 만인의 투쟁 상태에서는 인간의 삶은 고독하고, 가난하고, 불결하고, 잔인하며 짧다.

❷ 인간은 평화와 자기 방어를 위해 그가 필요하다고 판단하는 한, 또한 다른 사람들도 모두 그럴 경우에는 만물에 대한 이 권리를 기꺼

토머스 홉스

17세기 영국의 철학자야. 《리바이어던(Leviathan)》이란 책 한 권으로 서구 근대 정치철학의 기초를 닦았다고 볼 수 있어. 홉스를 빼놓고는 근대사회를 설명하기 어려워. 홉스는 욕망을 가진 존재로 '인간'을 파악했어. 자신의 욕망을 실현하기 위해 남의 것을 빼앗는 이기적인 존재라는 거야. 서로 뺏고, 빼앗기다 보면 결국엔 최후의 승자만 살아남을 거야. 이렇게 개인들이 투쟁하면 모두가 손해를 보겠지. 그래서 인간은 살아갈 다른 방법을 찾게 돼. 인간은 이기적이면서도 합리적인 존재이기 때문이지. 만인 대 만인의 투쟁 상태에서 벗어나기 위해 생각한 것이 바로 '사회계약'인 거야.

이 포기하고, 자신이 타인에게 허락한 만큼의 자유를 갖는 것으로 만족해야 한다.

홉스가 《리바이어던》에서 '사회계약론'을 설명하는 대목이야. 이건 중요하니까 꼭 기억해둬야 해. (나중에 1318 청소년 사상사 시리즈에서 《리바이어던》을 다룰 거야.) 홉스가 보기에 인간은 원래부터 이기적인 동물이었어. 그렇기에 아무런 통제가 없는 자연 상태에 인간을 던져놓으면 자기 이익을 위해서 폭력적 성향을 드러내는 '짐승'이 된다고 봤어. 자신의 욕망을 이루려는 개인이 많으면 어떤 사태가 벌어질까? 서로 죽고 죽이는 무질서와 폭력을 제어하기 위해 사람들은 자신들이 가진 권리의 일부를 '계약'을 통해 통치자에게 위임하는 거야.

"우리 권리를 조금 잘라서 줄게. 대신에 국가를 통해 우리를 보호하고 챙겨줘야 해. 알았지? 계약서 쓰고 도장 찍은 거니까 약속 꼭 지켜야 한다! 오케이?"

이해했어? 여기서 놀라운 건 홉스가 근대적인 사회계약론을 내놓은 게 17세기 중엽이었는데, 묵자는 그보다 2000년이나 앞서서 이런 주장을 했다는 사실이야. 사람들이 저마다 자기주장을 내놓으면 사

사회계약론은 사회 및 국가 성립의 근거를 평등한 개인들의 자발적인 동의에서 찾으려고 했다. 사회계약론은 17세기 중엽부터 18세기 후반에 걸쳐 홉스, 로크, 루소 등의 사상가를 중심으로 유럽에서 주목을 받았다.

회가 혼란해지므로 이를 막기 위해 질서가 필요하다는 거야. 묵자가 이런 생각을 하게 된 이유는 당시 사회의 혼란상 때문이었지.

(요즘의 통치자들은) 달콤한 말로 아부하는 친척, 부형, 친지 따위를 측근으로 삼아, 그런 사람을 관장으로 임명하고 있다. 백성들은 왕이 관장을 두는 것이 바르게 백성을 다스리기 위함이 아닌 줄을 안다.

―《묵자》상동(尚同) 중편 중에서

겸애(兼愛)와 이어지는 이야기야. 모두를 공평하게 사랑한다면, 자기랑 친하다고 관리로 뽑지는 않겠지. 하지만 사람이 실제로 그러기가 쉽지 않잖아? 예나 지금이나 높으신 분들은 자기 주변 사람들, 친한 사람들을 곁에 두려고 해서 늘 문제를 일으키잖아? (물론 모두가 그렇다는 건 아냐.) 이러다 보니 사회가 점점 혼탁해지고, 질서가 무너진다는 거야. 권력을 가진 높은 사람들 눈에는 백성이 어떻게 보일까?

"나는 저것들하고 피가 달라. 내가 다스리기 위해 존재하는 사람들이니까… 그러니까 내 마음대로 해도 돼. 야! 앞으로 세금을 두 배로 올려!"

백성을 '개·돼지'로 생각하면 이렇게 돼. 이런 지도자들 밑에서 뼈 빠지게 일하는 백성들은 어떤 생각이 들까?

"높은 양반들은 해주는 것 하나도 없으면서 늘 우릴 벗겨 먹으려고만 해!"

최악의 상황이지. 묵자는 백성의 실정과 맞으면 다스려지고, 실정에 맞지 않으면 다스려지지 않는다고 생각했어. 그래서 통치자들의 뜻은 백성에게, 백성의 뜻은 통치자에게 전해져야 한다고 믿었어. 이를 위에서 밑에서 위로 올라가는 촘촘한 관료조직을 만들고(물론 현명하고 능력 있는 이들을 임명해야겠지?), 일사분란하게 작동하는 걸 강조

관료조직 회사를 생각해봐. 사장, 전무, 상무, 부장, 차장, 과장, 대리, 주임, 사원. 이런 식으로 직급마다 역할과 권한이 나뉘어 있잖아? 이런 수직적인 체계로 작동하는 곳이 바로 관료 조직이야. 중앙집권적인 국가는 물론 군대, 정당, 병원, 학교 등등 가릴 것 없이 다양한 조직이 관료제의 특성을 띠고 있어. 나이나 경력 등을 우선시하는 연공서열(年功序列)주의나 상사에게 복종하기를 요구하는 상명하복(上命下服) 같은 문화, 그리고 같은 조직 안에서 파벌이 생겨 경쟁하는 모습 등이 관료제의 문제점이라고 보면 돼.

했지. 그렇다고 상명하복만 있었던 건 아냐. 만약 상급자가 잘못한 일이 있으면 이를 말할 수 있도록 했어. 이건 요즘도 그렇잖아?

"차관 위에 장관, 장관 위에 총리, 총리 위에 대통령, 대통령 위에는 누가 있을까?"

당연히 '국민'이 있지. 대통령의 권력은 국민이 잠깐 빌려준 거니까 말이야. '사회계약론' 기억하지? 우리가 편하게 살려고 대표를 뽑은 건데 만약 대통령이 잘못을 저지르면 어떻게 해야 할까? 국민들이 들고일어나 쫓아내면 돼.

그럼, 묵자 시절에는 어땠을까? 여기서 주목해봐야 하는 게 바로 '하늘'이야. 묵자는 왕이란 똑똑하고, 현명하고, 훌륭하고, 분별력 있고, 도덕적으로 완벽한 사람이 돼야 한다고 생각했어. 그런데 여기에

2장 《묵자》의 가르침

조건을 하나 더 달았지.

"하늘과 뜻을 같이해야 해."

왕 위에 하늘이 있다는 거야. 그리고 이 왕은 백성을 위해 일해야
해. 만약 왕이 하늘의 뜻과 다른 행동을 한다면 어떻게 될까?

천하의 백성들이 모두 왕의 뜻을 따르지만, 하늘의 뜻에는 따르지
않으므로 재앙이 사라지지 않는다. 폭풍이 치고 폭우가 내리는 것은

하늘이 자기의 뜻을 따르지 않는 백성들을 벌주려는 증거다.

—《묵자》상동(尙同) 상편 중에서

　하늘이 벌을 내린다는 거야. 여기서 중요한 게 묵자는 '백성의 뜻이 곧 하늘의 뜻'이라고 생각했어.

　"민심이 천심이다."

　천지(天志), 명귀(明鬼) 같은 개념이 여기서 등장하는데, 묵자가 '하늘의 뜻'과 '귀신'을 내놓은 이유가 여기에 있어. 절대적 존재를 가져와서 '사랑'을 지키려는 거였지.

　"제대로 하지 않으면 하늘이 분명히 벌을 내릴 거야!"

　이게 묵자의 생각이야. 이 부분은 뒤에서 조금 더 자세히 설명할게. 이제 마지막으로 비명(非命)을 살펴보자. 이건 한마디로 말해서 운명론을 거부한 거야.

　"공부하기 싫어. 공부해서 대체 뭐해?"
　"무슨 소리야?"
　"운명은 정해진 거야. 그러니까 공부는 집어치울래. 우리 아버지

정육점 하시잖아. 그러니까 나는 그거 물려받을 거야."

만약 사람들의 운명이 정해져 있다면, 학교에 갈 이유도 공부를 열심히 할 이유도 없어. 정육점을 할 팔자라고 믿으면 그걸 하면 그만이겠지. 인간 세상의 모든 게 태어나기 전에 정해져 있다면, 뭔가를 필사적으로 노력할 이유가 있을까? 묵자는 이 부분을 중요하게 생각했어. 하늘의 뜻을 따르지 않는 왕에게 하늘과 귀신이 벌을 내린다고 주장하는 묵자에게 '운명론'을 들이댄다고 생각해봐.

"어차피 내 운명은 정해졌으니… 그거 안 해도 돼."

따라서 묵자는 겸애(兼愛)를 위해서도 운명론을 거부할 수밖에 없었어. 어때? 여기까지 살펴보니 제각기 다른 이야기 같았던 묵자 십론(十論)이 하나로 관통되는 느낌이 들지 않아?

● 범주3 경(經) 상·하, 경설(經說) 상·하, 대취(大取), 소취(小取), 총 6편은 《묵경(墨經)》 혹은 《묵변(墨辯)》이라고 부르기도 해. 묵자의 사상을 담은 책 중에서 이질적으로 보이는 내용이 여기에 나와. 윤리, 정치, 경제 같은 이해의 범주 안(?)의 내용도 있지만, 철학이나 사상서에 당최 어울릴 것 같지 않은 기하학, 광학, 역학 등의 내용들이 담겨 있어.

원은 한 중심으로부터 같은 거리에 있다.

―《묵자》경 (經) 상편 중에서

힘은 운동을 말한다. 아래에서 무거운 것을 들어 올리는 것은 힘의 작용이다.

―《묵자》경설 (經說) 상편 중에서

그림자가 거꾸로 서는 것은 빛이 한 점에서 교차되어 광점과 그림자가 길어지기 때문이다. 그 이유는 점에 있다.

―《묵자》경 (經) 하편 중에서

방금 전까지 하늘의 뜻을 얘기하던 사상서가 어느새 과학을 말하고 있어.《묵자》의 다른 범주와 비교할 때 가장 이질적인 부분이지만, 묵가의 특성을 보여주는 대목이기도 하지.

● 범주4 경주(耕柱), 귀의(貴義), 공맹(公孟), 노문(魯問), 공수(公輸), 총 다섯 편은 묵자의 제자들이 스승의 언행을 모아 기록한 부분이야.《논어》의 구성과 비슷해. 이 중에서 흥미롭고 재미있는 건 공수(公輸)편이야. 초나라가 송나라를 침공하려 하자 묵자가 초나라로 달려가서 공수반과 모의전쟁을 벌여 전쟁에 대한 의지를 꺾어버리는 내용이 담겨 있거든. 이 한 편으로 묵자의 사상, 묵가

집단의 성격, 묵가의 군사적 특기 등등을 다 이해할 수 있지.

●범주5 비성문(備城門), 비고림(備高臨), 비제(備梯), 비수(備水), 비돌
(備突), 비혈(備穴), 비아부(備蛾傳), 영적사(迎敵祠), 기치(旗幟), 호령
(號令), 잡수(雜守)로 이어지는 총 11편은 묵자의 정체성을 보여주
는 내용이야. 방어전술과 수성전에 필요한 기계들에 관련된 내
용이지. 마치 군사전략회의를 하는 것처럼 내용이 치밀해.

　묵자의 제자인 금활리(禽滑釐)가 묻기를,
　"적군이 흙을 높이 쌓아 올리고 우리 성을 내려다보면서 나무와 흙
을 올려 발판을 만들어 성에 바짝 갖다 붙이고서 쇠뇌를 발사하여 공
격한다면 어떻게 합니까?"
　묵자가 말하기를,
　"흙을 쌓아 성을 공격하는 것은 졸렬한 전법이다. 그것으로는 병사
들을 피로하게 만들기에는 족하지만 성을 해치기에는 부족하다. 수비
하는 쪽에서도 성 위에다 높은 대(臺)를 쌓고 적의 발판을 내려다보고
공격한다. 여기서 강한 쇠뇌를 쏘고 여러 기계의 힘을 빌리고 특수한
무기로 공격하면 적을 물리칠 수 있다."
—《묵자》비고림(備高臨)편 중에서

　'한낱 사상가가 전쟁터에서 나서 봤자 별거 있겠어?' 하고 생각할

수 있겠지만, 묵자의 방어전술을 보면 머리카락이 쭈뼛 설 정도야. 성을 방어하기 위해서 독가스를 사용하는 방법(말린 겨자알갱이나 유독 식물을 태워서 적군에게 날렸대)까지 세세하게 정리한 걸 보면, 묵자가 사상가인지 직업군인인지 헷갈릴 정도야.

자, 이렇게 해서 현재까지 남아 있는 53편의 《묵자》를 훑어봤어. 만약 묵자를 좀 더 공부하고 싶다면, 나중에 이 53편 전체를 읽는 것도 나쁘지 않다고 생각해. 여기서는 묵자의 사상을 가장 함축적으로 담고 있는 세 편을 뽑아서 소개할까 해.

첫째, 겸애(兼愛). 둘째, 비공(非攻). 셋째, 비명(非命).

겸애(兼愛)편이 강조하는 게 뭔지 알겠지? 이게 바로 묵자 사상의 핵심이야. 비공(非攻)편은 겸애를 현실 세계에서 실천하는 모습이 담겨 있지. 그렇다면 비명(非命)편은? 운명론을 거부하고, 현실에 맞서 싸우는 인간의 실천의지를 확인할 수 있는 대목이야. 이건 이 책을 읽는 여러분에게 내가 강조하고 싶은 말이기도 해.

자, 그럼 하나씩 살펴보기로 하자.

4

겸애(兼愛),
차별 없이 사랑하라

묵자 사상의 핵심을 딱 한마디로 정리하라면,

"겸애(兼愛)"

이렇게 얘기할 수 있어. 예리한 친구들은 여기서 바로 의문을 제기할 거야.

"공자가 말한 인(仁)이랑 겸애(兼愛)랑 무슨 차이가 있어요? 인(仁)이란 한자를 풀어보면, 남을 어질게 대하고 사랑한다는 뜻이고, 겸애(兼愛)는 가리지 않고 모두를 사랑한다는 뜻이니까… 결국 같은 말 아니에요?"

그렇게 생각할 수도 있어. 겉으로 보면 비슷하지만 사실 인(仁)과 겸애(兼愛)는 엄청난 차이를 보여. 묵자는 유교의 사랑을 '별애(別愛)', 즉 차별적인 사랑이라고 규정했거든. 그러니까 겸애는 별애를 극복하기 위한 사랑법이야.

"겸애든 별애든, 어쨌든 사랑이잖아요!"

"엄연히 달라. 네가 사는 아파트에 불이 났어. 사다리는 하나뿐이야. 불길을 피해 베란다로 나온 부모님이 애타게 손을 흔들고 있어. 달려가서 구하려고 하는데, 웬걸? 옆집 아저씨도 살려달라며 손을 흔들고 있어. 너라면 누굴 구하겠어?"

"그야 당연히 우리 부모님이죠!"

"팔은 안으로 굽는다고, 부모님을 먼저 구하고 싶겠지?"

"그럼요. 그게 뭐가 잘못이죠? 낳아주고 길러주신 부모님께 효도하는 건 중요하잖아요!"

"이렇게 생각해보자. 네 아버지랑 옆집 아저씨가 싸우고 있다 쳐. 그럼, 넌 누구 편을 들 거야?"

"그것도 당연히 아빠 편을…. 어?"

"뭔가 좀 이상하지? 모든 사람을 똑같이 사랑한다면, 너는 아버지랑 옆집 아저씨가 싸울 때 무조건 아버지 편을 들진 않을 거야. 하지만 아버지를 옆집 아저씨보다 더 사랑하다 보니 아버지 편에서 옆집 아저씨랑 싸우게 되는 거야. 그러면 옆집 아저씨의 자식은 어떨까? 역시나 자기 아버지를 더 사랑하다 보니 싸움에 뛰어들겠지? 이제 넌 옆집 아저씨의 자식하고 싸우게 될 수도 있어. 묵자는 '겸치별란(兼治別亂)'이라고 해서 모두 사랑하면 번영하겠지만, 차별하면 난리가 난다고 했는데, 이 경우에도 적용할 수 있지."

"그럼, 효도는요? 낳아주고 키워주신 부모의 은혜를 저버리라는 거예요?"

"《묵자》 겸애편에 이런 말이 나와, '만약 세상 모든 사람들이 서로 차별 없이 사랑하여 다른 사람을 자신과 마찬가지로 사랑한다면 이게 불효일까? 자식과 동생과 신하를 자기 자신처럼 아끼는 것을 어떻게 불효라고 할 수 있을 것인가? 또 자애롭지 못한 사람이라고 할 수 있단 말인가? 여기에 불효와 자애롭지 못함은 없다고 할 수 있다.' 한마디로 말해서 모든 사람을 사랑한다면, 굳이 효자와 불효자를 가릴 필요가 없다는 얘기야."

"효(孝)도 결국 사랑에 포함되니까… 모두 사랑하면 모두에게 효도하는 셈이 되니 굳이 나누지 않아도 된다는 뜻이네요?"

"그렇지!"

차별 없는 사랑. 말은 쉽지만, 실천하기란 쉽지 않아. 옆집 아저씨와 친아버지 사이에서 한 명만 선택해야 한다면 당연히 친아버지 쪽으로 마음이 기우는 게 인지상정일 거야. 그런데 묵자는 보다 더 큰 그림을 그리고 있어.

남의 집안 보기를 자기 집안 보듯이 하면 누가 어지럽히겠는가? 남의 나라 보기를 자기 나라 보듯 하면 누가 침략하겠는가? 그러므로 대

부들은 서로 남의 집안을 어지럽히지 않고, 제후들은 서로 남의 나라를 침략하지 않게 될 것이다.

—《묵자》겸애(兼愛) 상편 중에서

　모두 차별 없이 사랑하면, 싸움도 없고 전쟁도 없을 거라는 얘기야. 말 그대로 모두가 하나 되는 'We are the world'가 되면 우리 앞에 놓인 수많은 문제가 일순간에 해결될 수 있어. 무슨 말인지 이해되지? 지구상 모든 사람이 서로를 가족처럼 아끼고 사랑한다면? 혐

오도 없고, 갑질도 없으며, 전쟁도 없을 거야. 2500년 전에 묵자가 이런 '간단한 방법'을 내놓았지만, 예나 지금이나 사람들은 달라지지 않았어. 아니, 오히려 점점 갈등이 심해지고 있어. 무슨 일만 생기면 벌레 '충(蟲)' 자 붙여서 헐뜯고 혐오하는 게 일상인 세상이 됐잖아. 왜 그런 걸까? 간단해. 인간의 이기심 때문이야.

겸애가 좋은 생각이란 건 묵자 생전에도 인정받았어. 그러나 딱 거기까지였다는 얘기야.

"겸애… 참 좋은데, 실천하기가 어려워."

"도덕적으론 맞는 말이지. 그런데 현실을 보면….."

"차별 없이 모두 사랑하면, 나만 손해 보는 거 아냐?"

묵자는 이런 생각에 반론을 제기하지.

"모두 사랑하는 게 모두에게 이익이다."

겸애의 완전한 용어는 '겸상애(兼相愛) 교상리(交相利)'야. 겸애는 이걸 줄인 말이지. 여기서 중요한 건 묵자가 생각한 '이익'이란 개인 차원의 이익이라기보다는 사회 전체의 이익, 즉 공리(功利)였어. 지금부터는 약간 어려운 이야기를 할 수밖에 없으니 잘 따라와.

　　　　　　　　　　　　　　　　　　2장 《묵자》의 가르침

공리주의(功利主義) 하면 떠올릴 수 있는 사람이 있어. 영국의 철학자인 제러미 벤담(Jeremy Bentham)이야. 교과서에 실려 있는 유명한 문구, 기억나?

"최대 다수의 최대 행복."

시험에 나온다고 이걸 단순히 외우기만 한 친구들도 있을 거야. '모

제러미 벤담

3살에 영국 역사책을 읽고, 5살 때 그리스어와 라틴어를 깨우쳤고, 15살에 옥스퍼드 대학교를 졸업, 21살에 변호사 자격을 취득한 천재였어. 그런데 변호사는 무의미하고 돈이 많이 드는 소송만 부추기는 사람이라고 했대. 농담처럼 한 말이었겠지만, 그의 행보를 보면 수긍할 만한 부분이 있어. 당시의 법률을 비판하며 이치와 논리에 맞는 성문법을 만드는 운동을 평생토록 했거든. 그러니까 실천하는 지식인이었던 셈이야. 벤담은 머리는 똑똑했지만 계단을 오르내리지 못할 정도로 몸이 약했어. 지금의 기준으로 봐도 파격적인 주장을 한 걸로 유명한데, 종교를 비판하며 정교분리(정치와 종교를 분리)를 주장했고, 보통 비밀선거를 긍정했으며, 성차별, 동성애자 차별을 부정하고 여성의 이혼주장 권리를 찬성했어. 그의 마지막 모습도 상당히 인상적이야. 자기 시신을 보존해 전시하든지 의대생들의 해부 실습에 쓰든지 해서 공공의 이익에 최대한 부합하도록 하라고 했거든. 그래서 그의 시신은 지금까지 보존돼 있대.

든 사람의 행복을 보장한다'는 얘기 정도로 넘겼을 테지만, 이게 그렇게 간단한 문제가 아냐. 벤담은 인간 행동의 '이유'에는 하나의 원칙이 있다고 믿었어. 이게 중요한 점이야.

"인간은 쾌락을 최대화하고, 고통을 최소화하려고 행동한다."

벤담은 인간의 본성을 이렇게 파악했어. 그래서 다음과 같이 이야기하는 거야.

"쾌락과 행복은 인간 행위의 원인이고, 모든 규범적 행위 기준의 토대다."

결국 벤담은 행복의 원리를 '최대 다수의 최대 행복'이라고 정의했지. 간단히 보자면 쾌락의 총합이 고통의 총합보다 크면 그건 '선(善)'이란 거야. 이 얘길 확장하면, 행복은 쾌락을 추구하는 것이 되는 셈이고, 이걸 더 확장하면 이익이란 곧 행복과 쾌락의 토대가 된다는 결론으로 이어지지. '공리주의'라는 말만 들으면 어렵게 보이지만, "행복을 극대화하는 행동을 하는 것이 도덕적이다"라는 의미 정도로 파악하면 돼.

이 때문에 최고로 좋은 상황은 최대로 많은 사람이 최대의 행복을 느끼는 거야. 이제부터가 진짜 중요한 얘기니 잘 들어봐. 최대 다수의 최대 행복을 오해하는 사람들은 종종 이렇게 얘기 해.

"너 하나 희생하면, 우리 모두 행복해질 수 있어. 우리 모두를 위해 희생해줘."

공리주의는 겉으로 보면 집단의 행복을 우선시하는 것 같지만, 실상은 지극히 개인주의적이야.

"집단의 행복은 개인들의 행복의 총합이다."

개인의 행복이 모여 집단의 행복이 된다는 의미야. 그런데 누군가를 희생해 집단 전체가 행복해지자고 한다면? 이게 바로 공리주의의 함정이지. 공리주의에서 도덕이란 개인의 쾌락 추구인데, 각자가 행복을 추구하다 보면 사회적 공익과 충돌할 수밖에 없어. 자세히 이야기 하면 더 복잡해질 뿐이고(공리주의에 대한 비판을 하자면 끝이 없을 거야), 여기서 말하고 싶은 건 서양의 공리주의는 '개인'에 방점이 찍혀 있다는 거야.

그런데 묵자의 공리주의, 그러니까 '겸상애(兼相愛) 교상리(交相利)' 는 개인이 아닌 사회 전체의 공익에 방점이 찍혀 있지. 묵자는 겸애 가 모두에게 이익이고, 실천하는 게 어렵지 않다고 생각했어.

4 겸애(兼愛), 차별 없이 사랑하라

"겸애를 하면 이익이 된다고요?"

"그렇지. 전쟁도 없어지고, 가난도 몰아내고….."

"구체적으로 나에게 뭐가 좋은가요?"

"전쟁이 없어지면, 전쟁터로 끌려가지 않을 것이고, 전쟁을 위한 세금도….."

"그러니까, 당장 저한테 뭐가 떨어지나요? 뭘 실천해야 하죠?"

"네가 전쟁터로 끌려간다고 생각해봐. 그땐 부모님을 누군가에게 부탁해야 해. 그런 상황에서 모두를 자기 부모처럼 생각하는 사람한 테 부탁할래, 아니면 자기 부모를 먼저 챙기는 사람한테 부탁할래? 어렵지 않고 간단하잖아? 겸애를 비현실적이라고 생각하는 사람이라도 막상 어려운 상황이 닥치면 겸애하는 사람을 찾지 않겠어? 겸애를 실천하지 않는 사람이라도 겸애를 실천하는 사람을 좋아하잖아!"

"그래도 인간이란 존재는….."

"거 참 답답하네. 겸애를 실천하면 모두에게 이득이라니까! 남을 사랑하는 사람은 남으로부터 반드시 사랑을 받고, 남을 이롭게 하는 사람은 반드시 이익을 얻어. 모두를 사랑하게 되면, 결국 스스로를 사랑하게 되는 것과 같은 효과를 얻는다니까."

왜 인간은 남을 돕는 행위를 할까? 원래 인간은 이타적인 동물일까? 인간 행동을 연구하는 이들에게 있어선 영원한 숙제야. 인간의 이기성과 이타성 사이의 작동원리를 파악하기 위해 수많은 학자가

2장 《묵자》의 가르침

덤벼들었고, 지금도 새로운 학설들을 내놓고 있어. 묵자의 이야기를 듣다 보니 인간이 이타적인 이유는 이기적이기 때문이란 형용모순적인 말이 생각나기도 해.

인간 행동의 이유를 한두 가지 이유로 설명하기란 어려워. 수많은 학자의 생각을 종합해볼 때 인간 본성에 이기성과 이타성이 다 있는 것 같아. 나는 개인적으로 인간이 이기적이기 때문에 이타적이라는 말에 어느 정도 동의하는 편이야. 사람이 어떤 행동을 하는 건 '욕망'을 충족하기 위해서라고 보기 때문이야. (이건 어디까지나 내 개인적인 판단이야.)

다시 묵자의 생각으로 돌아와서 보자. 묵자가 겸애를 실천하는 게 모두에게 이익이 된다고 논리적으로 접근했다는 건, 사실상 일반 사람들이 실천하기가 쉽지 않았다는 얘기야. 사람들은 다 이렇게 얘기했어.

"진짜 할 수만 있다면 좋은데, 이걸 하기가 어려워서…."

깊이 고민할 필요도 없어. 이 책을 읽는 친구들이라면, 지금 당장 가슴에 손을 얹고 한번 생각해봐. 국민이 위임해준 권력을 남용해서 탄핵되고 수감된 전 대통령을 자기 부모님처럼 사랑할 수 있겠어?

묵자도 겸애를 실천하는 게 쉽지 않다는 사실을 알고 있었어. 그래서 겸애를 보급하기 위한 특단의 비책(?)을 꺼내.

"왕이 겸애를 좋아하면, 신하들은 겸애를 실천한다! 그러니까 왕이 겸애하면 된다!"

묵자는 겸애의 보급을 위해 왕의 권위를 끌어왔어. 왕이 겸애를 좋아하면 신하들이 따를 테고, 이런 식으로 백성들에게 겸애를 전파하려 했던 거야.

"모두 사랑하는 사람한테는 상을 주고, 그렇지 않으면 벌을 주면 된다."

어때? 뭔가 좀 이상하지? 사랑은 마음이 움직여야 나오는 거잖아?

"야, 너 이제부터 날 사랑해!"
"예? 그게 무슨 소립니까?"
"임금님 명령이야! 그렇게 하지 않으면 앞으로 인생이 고달파질 거야. 알겠지? 지금부터 서로 사랑하는 거다!"

국가의 정책으로 '모두 사랑해 강조주간' '사랑하지 않는 사람 집중 단속기간' 같은 게 만들어진다고 생각해봐. 이게 과연 '사랑'이란 감정과 어울릴까? 아니, 애초에 성립이 될까? 그런데도 묵자가 이런 '강수'를 둔 건 그만큼 겸애를 실천하기가 어렵다는 것을 인정한 증거일 수 있어.

하늘의 뜻에 따라 더불어 사랑하고 서로 이익을 나누는 사람은 반드시 상을 받고, 하늘의 뜻을 거스르고 서로 미워하고 해치는 사람은 벌을 받게 된다.

—《묵자》겸애(兼愛) 상편 중에서

하늘의 뜻을 따라 더불어 사랑하는 것이 가장 중요하다. 빈부귀천을 불문하고 모두가 하늘의 아들이다. 그러므로 하늘은 사람들이 서로 사랑하고 서로 도우기를 바라는 것이다. 부모 학자 임금은 법이 될 수 없다.

—《묵자》법의(法儀)편 중에서

귀신의 밝음은 어두운 곳이나 넓은 택지 또는 산림이나 깊은 계곡으로도 방해할 수가 없다. 귀신의 밝음은 반드시 그것을 안다. 귀신의 벌은 부귀와 많은 사람, 강한 힘과 용력과 무술과 튼튼한 갑옷이나 날카로운 무기로도 막을 수 없다. 귀신의 벌은 반드시 이들을 이겨낸다.

—《묵자》명귀(明鬼) 하편 중에서

귀신이 사람들에게 바라는 것은 많다. 사람이 높은 지위에 오르게 되면 곧 현명한 사람에게 양보할 것을 요구한다. 재산이 많게 되면 곧

그것을 가난한 사람들에게 나누어줄 것을 바란다.

—《묵자》노문(魯問)편 중에서

《묵자》에 나와 있는 주장들 중 가장 웃기면서도 진지했던, 그래서 슬펐던 부분이 (이런 감정을 어떻게 설명해야 할까? '웃프다'는 표현이 적합할 것 같기도 해.) 바로 '귀신'이 존재한다는 걸 논리적으로 설명한 대목이야. 그러고는 묵자는 귀신에게 제사를 지내야 한다고까지 선언하지. 유가를 비판하며 장례를 소박하게 치르라고 했던 묵자가 갑자기 이러니 적응이 안 돼.

2장《묵자》의 가르침

앞에서 묵자는 매우 합리적이고, 이성적이고, 논리적인 사람처럼 보였잖아? 그런데 냉철한 합리성과 뛰어난 논리성을 총동원해서 귀신의 존재를 증명하려고 애쓰는 묵자를 보면, 참 뭐라 할 말이 없어.

하지만 묵자가 예로 든 구절들을 살펴보면, 왜 '하늘'과 '귀신'을 동원하려 했는지 알 수 있어. 좀 어려운 말로 해석하자면, 종교적·정치적 제재장치(制裁裝置)인 셈이야. 쉽게 풀어보자면 이런 이야기야.

"야, 너 귀신 있는 거 알지? 네가 나쁜 짓 하면 귀신이 와서 잡아갈 거야!"

묵자는 왕을 비롯해 힘 있고 권력 있는 사람들에게 이 한마디를 던진 거야. 하늘은 모르는 게 없고, 귀신은 끝까지 쫓아가 인간을 벌하니까 평소에 행동 똑바로 하고, 모두 사랑하면서 살라는 얘기지. 이런 주장은 순박한 백성, 그러니까 하늘을 두려워하고, 귀신을 무서워하는 사람들의 마음을 움직이려 한 거야.

"하늘의 뜻을 따라 더불어 사랑하는 것이 가장 중요하다."

묵자의 진정성을 이해하면 왜 하늘과 귀신을 이야기했는지를 알 수 있어. 하늘의 뜻과 귀신의 존재를 얘기하니까 묵자를 유신론자나 종교에 심취한 인물로 생각할지도 모르지만, 그게 아니야. 묵자는 겸애(兼愛), 그러니까 '모두가 사랑하는 세상'을 만들기 위해 끌어올 수 있는 건 죄다 끌어온 셈이야.

겸애가 좋은 건 알지만 실천하기 어렵다고 생각한 사람들에게, 불가능한 이상을 실현하기 위해 도전장을 던진 거야.

비공(非攻),
현실적 평화주의

2006년에 영화배우 유덕화가 주연한 영화 한 편이 개봉됐어. 한국 관객들에게도 이 영화는 낯설지 않아. 국민배우 안성기 씨가 이 영화에 출연했기 때문이지. 영화의 제목은 〈묵공(墨攻)〉이었어.

평소 묵자에 대해 알지 못했던 일반인이 묵자의 사상을 접할 수 있는 좋은 기회였어. (개인적으로는 동명의 원작만화를 추천하고 싶어. 소설이나 영화보다 훨씬 생동감이 있거든.) 영화의 줄거리는 원작에 비해 상당히 '단순해'. 조나라가 연나라의 국경에 있는 작은 양성을 함락하려는 내용만을 담고 있거든.

"우리는 10만 명이고, 너희는 백성을 포함해도 4000명이 될까 말까 하잖아? 그러니 항복하지 그래?"

원작만화에는 조나라 군이 2만 명이지만 영화는 압도적인 스케일이 중요하니까 10만 명으로 뻥튀기한 거야. 이런 건 애교로 넘어가자고. 아무튼 위기감을 느낀 양성은 묵가(墨家)에게 도움을 요청해.

양성 사람들의 기대와 달리 주인공인 혁리는 혈혈단신으로 와서 조나라 군대를 막겠다고 나섰어. 기가 막히는 상황이지? 그런데 양성의 백성을 규합한 혁리는 엄청난 수적 열세를 무릅쓰고 끝내 성을 지켜냈어.

"에이, 그건 만화나 영화니까 가능한 일이겠죠."

"아무리 겸애(兼愛)를 말한다지만 알지도 못하는 사람들을 위해 목숨을 걸고 싸운다고요?"

"묵가가 아무리 군사기술을 연마했다고 해도 민간인일 뿐이잖아요? 그리고 전력의 차가 너무 심하잖아요!"

그래. 원작만화나 영화는 사실 그대로의 모습은 아냐. 그렇지만 전혀 없는 이야기를 지어낸 건 아냐. 현실에 있었던 일을 사람들이 쉽게 알 수 있도록 '이야기' 구조로 창작한 것이니까 말이야. 믿기 어려울진 몰라도 묵가 사람들은 실제로 그렇게 전쟁터에서 활약했어.

시대적 배경이나 묵가에 대한 배경지식이 없더라도 원작만화나 영화를 보면 혁리가 기막힌 방법으로 적과 싸우는 부분에서 통쾌함과 짜릿함을 느낄 수 있어. 《묵자》 53편 중 11편이 방어전술과 수성전에 대해 기록하고 있다고 얘기했잖아? 원작만화 《묵공》과 영화 〈묵공〉은 그 내용을 시각적으로 아주 세밀하게 담아냈어. 특히 원작만화에서 성벽 밑을 파고 들어오는 적을 혁리가 앵청(甖聽)으로 확인하는 대목은 압권이지.

《묵자》53편 중 딱 1편으로 묵가를 설명하라면 난 주저 없이 공수(公輸)편을 꼽을 거야. 이것으로 묵가의 정체성, 사상, 철학, 활동상을 다 확인할 수 있기 때문이야. 전국시대에 공수반(公輸般)이란 사람이 있었어. 공수반은 '반문농부(班門弄斧, 공수반의 문 앞에서 도끼질을 자랑한다는 뜻)'란 고사성어로 유명한 인물이야. 반문농부를 우리 식으로 풀어보면, 번데기 앞에서 주름 잡는다는 뜻 정도로 풀이할 수 있어.

공수반은 목수이자 공학자, 기술자라 할 수 있는 특출한 사람이야. 못 만드는 기계가 없고, 나무를 다루는 솜씨가 귀신같았거든. 그런데 어느 날 젊은 목수 하나가 자기 실력을 자랑하고 싶은 마음에 누군가의 집 앞에서 자기가 만든 작품을 들고 자랑을 늘어놓았어. 즉석에서 도끼를 꺼내 작품을 만들기도 했지.

"어때요? 대단하지 않습니까?"

젊은 목수의 작품을 살펴보던 사람들 중 하나가 한마디를 툭 던져.

"이보게, 자네 등 뒤에 있는 집 주인이 누군지 아나?"

"그걸 내가 어떻게 압니까?"

"바로 공수반일세."

공수반의 집을 본 청년은 고개를 숙일 수밖에 없었어. 번데기 앞에서 주름 잡았기 때문이야. 이 정도면 공수반의 재주가 얼마나 뛰어났는지 알 만하지? 공수반은 단순한 목수가 아니었어. 뛰어난 공학자로서 나무를 활용해 수많은 기계를 만들어냈는데, 그중에 '전쟁기계'도 있었던 거야. 공수반의 재주를 눈여겨본 초나라 혜왕이 공수반을 초빙해.

"공 선생, 아니 공 박사! 어떤 성이든 쉽게 넘을 수 있는 최신 무기를 하나 만들어주게나!"

이렇게 해서 등장한 게 그 유명한 운제(雲梯)야. 성을 쉽게 넘어갈 수 있는 '움직이는 구름사다리' 정도로 보면 돼. '에이, 그까짓 사다리 하나로 뭘 할 수 있다고…' 이렇게 단순하게 생각할지 모르겠지만, 운제는 당시로서는 엄청나게 파격적인 전쟁도구였어. 그때 개발된 운제는 기본 형태가 변하지 않고 19세기까지 사용됐어. 그러니까 '반문농부'라는 고사성어가 괜히 생긴 게 아냐.

고대에 성을 공격하는 방법은 크게 세 가지야. 성문을 부수고 들어가거나, 땅굴을 파서 몰래 성 안으로 습격하거나 무식한 방법이긴 해도 성벽을 직접 넘는 거야. 사극의 전투 장면을 보면 병사들이 죄다 사다리를 성벽에 걸치고서는 개미 떼처럼 무모하게 기어오르는 모습을 볼 수 있잖아? 공수반은 이런 사다리를 크고 효율적으로 운용할 수 있도록 개발한 거야. 오늘날 사다리차와 비슷하다고 보면 돼. 운제는 약소국인 송나라를 침략할 때 사용될 예정이었어.

이 소식을 들은 묵자는 열흘 밤낮을 달려 초나라의 도읍으로 향했어. 도읍에 도착한 묵자는 공수반을 찾아가 전쟁을 하지 말라고 설득하기 시작해.

"뭐가 부족해서 전쟁을 하려고 하는 거야? 땅이 부족해서 전쟁을 하려 한다면 이해라도 하겠는데, 당신네 나라는 땅도 무지하게 넓잖아? 전쟁을 하면 오히려 손해인 걸 몰라? 초나라는 땅덩어리는 넓지만 인구수가 적잖아. 가뜩이나 사람이 부족한데, 전쟁한다고 병사를 모아서 나가봐. 안 죽고 이길 수 있을 것 같아? 이기더라도 결국 손해야. 게다가 송나라는 무슨 잘못이 있어?"

공수반은 논리로 묵자를 당해낼 수 없으니 왕 핑계를 대. 그리고 왕은 운제 핑계를 대. 결국 묵자는 초혜왕 앞에서 공수반과 모의전투를 벌이기로 해. 오늘날로 따지면 '워게임(war game)'과 같아. 인류 역사에 기록된 최초의 전쟁 시뮬레이션을 가동한 셈이지.

묵자는 허리띠를 풀어 성벽을 만들고, 나뭇조각으로 전쟁무기와 기계로 삼았어. 공수반은 9번을 공격했는데, 묵자는 모든 공격을 막아냈어. 공수반의 완패였지. 공수반은 마지막에 이 한마디를 던져.

"당신을 막을 마지막 방법을 알고 있으나 말하지 않겠소."

무슨 뜻일까? 묵자는 이 말을 듣고 씩 웃더니 초혜왕에게 최후통첩을 하지.

"공수반의 뜻은 다만 저를 죽이려는 것에 지나지 않습니다. 저를 죽이면 송나라를 지킬 방법이 없으니 공격하려는 것이지요. 공수반은 저 혼자서만 성을 지킬 방법을 알고 있는 줄로 압니다만, 그렇지 않습니다. 저의 제자 금활리(禽滑釐)가 300명의 제자를 거느리고 송나라 성문에서 대기하고 있습니다. 그들 모두가 저의 방어방법을 알고 있습니다. 그러니 송나라를 공격하실지라도 절대 승리하실 수 없을 겁니다."

초혜왕은 그제야 이렇게 말해.

"알겠다. 송나라를 침략하지 않겠다."

이렇게 송나라의 위기를 구한 묵자 이야기가 여기서 끝나면 한낱 영웅담으로 끝날 수도 있겠지만, 그 뒤에 이어지는 내용 덕분에 공수편은 묵자의 모든 면모를 보여주는 이야기가 돼.

"자묵자귀(子墨子歸) 과송(過宋) 천우비기려중(天雨庇其閭中) 수려자불내야(守閭者不內也)."

무슨 뜻인지 해석해볼게.

"묵자가 돌아가는 길에 송나라를 지나게 된다. 때마침 비가 내리기에 그곳 마을 문 안으로 들어가 비를 피하려 했지만, 마을 문지기가 그를 들여보내 주지 않았다."

생명의 위협까지 감내하며 송나라를 전쟁의 위기에서 구했지만, 정작 송나라에서는 비를 피할 처마조차 얻지 못한 거야. 참으로 아이러니하다고 해야 할까? 이런 이야기를 담고 있는 공수편은 묵자의 모든 사상을 압축해놓은 탁월한 예시라고 할 수 있어. 한번 정리해볼까?

❶ 묵자의 반전 평화주의
❷ 묵수(墨守)로 대변되는 묵가의 탁월한 방어술
❸ 지도자 한마디에 일산분란하게 움직이는 묵가의 엄격한 기강

❹ 머리부터 발끝까지 모두 상했음에도 세상 사람들과 국가를 돕기 위해 힘쓴다는 마정방종(摩頂放踵)이란 고사성어에 충실한 묵가의 모습

❺ 보답을 바라지 않고, 세상 모두를 사랑하는 겸애의 자세

　그럼 ❶~❺를 크게 세 가지로 묶어서 하나씩 살펴보기로 할까?

　첫째, 반전 평화주의야. 묵자는 겸애(兼愛)의 실천을 위해 비공(非攻)을 주장했어.

　"이 세상에서 가장 해로운 게 뭐냐고? 전쟁이지 전쟁! 전쟁 나면 무조건 사람이 죽어. 죽지 않으면 다쳐. 본국에 남아 있는 사람들? 전쟁 비용을 감당하기 위해 세금을 내야 해. 이런 백해무익한 전쟁을 왜 해야 해?"

　춘추전국시대는 자고 일어나면 전쟁이 일어나는 혼란기였어. 세상에서 민중을 괴롭히는 가장 큰 적은 '전쟁'이야. 전쟁이 끔찍하다는 건 이 책을 읽는 누구라도 동의하는 일일 거야. 그런데 묵자의 전쟁 반대는 좀 독특한 시각이야. '비공(非攻)'이란 한자를 잘 살펴봐. 아닐 비(非) 자에 공격할 공(攻) 자야. 무슨 뜻인지 알겠지?

　"공격, 즉 침략전쟁을 반대한다."

달리 말하면, 침략전쟁이 아닌 전쟁은 인정한다는 의미가 돼.

"한 사람을 죽이면 처벌을 받아. 살인죄지. 열 사람을 죽이면? 연쇄 살인범이라고 더 큰 죄를 받지. 그런데 남의 나라를 침략하는데 이걸 왜 칭찬하고, 정의롭다고 하는 거야? 살인범 한 명이 죽이는 사람 수보다 훨씬 많은 사람이 죽어나가는데, 왜 전쟁이 일어나면 정의롭다고 말하느냐고!"

묵자의 외침이지. 이 말은 오늘날에도 유효해. 영화 〈클리프행어(Cliffhanger)〉를 보면 이런 대사가 나와.

"1명을 죽이면 살인자가 되지만, 100만 명을 죽이면 영웅이 되지."

역사를 더듬어보면 영웅으로 추앙받는 사람의 상당수가 '전쟁 영웅'이야. 정당성이나 전후사정도 중요하겠지만, 행위 자체만을 보면 결국 사람을 많이 죽인 거야. 그러니까 사람을 죽이고 이름을 남긴 셈이지. 누군가에게는 일생일대의 기회일지 모르겠지만, 전쟁은 언제나 약자(대다수 시민)의 희생을 전제로 해. 생명의 위협, 굶주림과 질병, 각종 범죄라는 극한의 상황을 맞닥뜨리게 돼. 전쟁은 가지지 못한 자들로서는 어떠한 도움도 되지 않아. 이건 2500여 년 전이나 지금이나 달라진 게 없어. 전쟁은 늘 약자를 제일 먼저 괴롭히고, 죽음으로 몰아넣어. 묵자는 이런 안타까운 현실에 주목하고, 전쟁을 반대한 거야. 콕 찍어서 '침략 전쟁'을 말이지.

"내 나라, 내 가족을 지키기 위한 전쟁은 해야 한다."

바로 이게 묵자의 생각이야. 좀 더 쉬운 예를 생각해볼까? 동네에 강도 사건이 일어났어. 그러면 어떻게 해야 할까?

"혹시 모르니까 경비업체에 연락하자."
"창문에 방범창을 다는 건 어때?"
"몽둥이라도 하나 준비해야지!"
"몸은 지켜야 할 것 아냐! 호신술도 배워둬!"
"현관 잠금장치 비밀번호도 죄다 바꿔. 이참에 CCTV도 달아!"

이렇게 미리 준비를 해두면 강도가 쉽게 접근할 수 없을 거야. 묵자가 생각하는 국가의 방어전략도 이랬어.

"강도를 대비하기 위해 준비하는 것처럼 국가도 대비해야 해. 방범창 다는 것처럼 성벽을 튼튼히 쌓고, 무기도 갖춰야 해. 가족이 호신술을 배우는 것처럼 남녀 구별 없이 모든 백성이 병역의 의무를 져야 해!"

묵자는 나라를 지키기 위해서 전 국민 개병제
(皆兵制)를 주장했어. 오늘날 대한민국과 다른 점은
'여자'라도 예외를 두지 않았다는 거야. 이처럼
묵자의 반전 평화주의는 우리가 알고 있는
것과는 결이 꽤 달라.

"전쟁은 반대해! 하지만 현실적으로 강대국들이 호시
탐탐 노리고 있는 상황에서 '전쟁 나빠요'를 외친다고 쳐
들어오지 않을 리 없을 거야. 그러니 쳐
들어오면 힘들 거란 걸 보여줘야 해.
그러기 위해서는 전쟁을 대비해야
해. 평화를 원하는 자 전쟁을

5 비공(非攻), 현실적 평화주의

준비하란 말도 있잖아? 우리가 방어태세를 탄탄히 하면, 강대국이 전쟁을 일으키고 싶어도 주저할 거야. 설사 쳐들어온다 해도 충분히 막아낼 수 있어!"

쉽게 말해 적극적 방어 전략이라고 해야 할까? 묵자는 전쟁을 반대하는 평화주의자인 동시에 평화를 지키려면 적이 쳐들어올 때 막을 수 있는 힘이 필요하다고 역설했어. 실용주의, 현실주의적인 면모를 보인다고 해야 할까? 아무튼 비공(非攻)이란 말이 나온 이유가 바로 여기에 있어.

"남의 나라를 쳐들어가는 건 반대! 하지만 침략전쟁은 죽기 살기로 막아낼 거야!"

이게 묵자가 생각한 현실적인 반전 평화주의야.

둘째, 묵수(墨守)와 묵가의 엄격한 기강에 대한 부분이야. '묵적지수(墨翟之守)'란 말이 있어. 한자의 뜻을 풀어보면, '묵적의 지킴'이라고 말할 수 있지. 사람들은 '묵적지수'를 줄여서 '묵수(墨守)'라고 관용구처럼 사용하는 경우가 종종 있어.

"저 사람 묵수하는데?" 이 말의 뜻은, '자기 의견을 굽히지 않고, 끝까지 고집한다.' 또는 '옛날에는 좋았지만, 지금은 맞지 않는 걸 끝까지 고집한다.' 정도가 되는 거야.

공수편을 봐서 알겠지만, 묵자의 '수비'는 모든 사람이 감탄할 정도였잖아? 그러다 보니 이런 말이 나올 정도가 된 거야. 여기서 주목해야 하는 점은, 성을 지키려면 조직이 일사분란하게 움직여야 한다는 거야. 즉 체계가 확고하게 잡혀 있어야 하고 명령이 떨어지면 불 속이라도 뛰어들 정도가 돼야 전쟁에서 이길 수 있어.

군대에서 가장 무서운 죄 중 하나가 '항명(抗命)'이야. 한마디로 '명령불복종'이지.

"저 산을 점령해야 이길 수 있다! 돌격 앞으로!"

"싫은데요."

"뭐? 지금 명령에 불복하는 거야?"

"적들이 우글거리는 곳에 가서 죽으면 어떻게 해요?"

전쟁에 나간 장수와 병사가 이렇게 티격태격하다간 모두 죽겠지? 전쟁터는 삶과 죽음이 한순간에 교차하는 곳이야. 전투가 벌어지면 당연히 다치는 병사가 나올 수 있고, 전사자가 나올 수도 있어. 민간인이라면 죽거나 다칠 확률이 높은 직장에 나가려 할까? 대부분 피할 거야. 하지만 군인은 그럴 수 없지. 군인이 도망가면 기강이 무너지고, 군율이 흔들리면 나라가 망하는 거잖아. 그렇기에 군대는 엄격한 체계를 강조하는 거야.

묵가도 마찬가지였어. 군대와 대항해 싸우려면, 군대 못지않은, 아니 그 이상의 기율(紀律)이 필요하지 않겠어? 조금 이상하게 들릴지 몰라도 묵가는 오늘날로 치면, UN(United Nations)이 분쟁지역에 파병하는 '평화유지군' 같은 존재라고 봐도 돼.

"전쟁하지 마! 먼저 공격하지 않으면 우리도 공격하지 않는다. 만일 공격하면? 지옥을 맛보게 될 거야!"

이 말을 들으니 공수편에서 묵자가 초혜왕에게 했던 엄포가 생각나지 않아?

"저의 제자 금활리가 300명의 제자를 거느리고 송나라 성문에서

UN

'국제연합'을 말해. 제2차 세계대전 직후 전쟁을 막기 위한 목적으로 만들어졌어. 구체적인 설립 목적은 국제법, 국제적 안보 공조, 경제개발 협력증진, 인권개선을 통해 세계 평화를 유지하겠다는… 이상적인 것이었는데, 사실상 UN 안전보장이사회 상임이사국(미국, 영국, 프랑스, 러시아, 중국)의 입김에서 자유롭지 않은 국제기구야. 한마디로 강대국의 '힘의 논리'에 휘둘릴 수밖에 없는 형편이야.

대기하고 있습니다."

금활리는 묵자의 수제자이자, 묵가의 2대 거자(鉅子, 우두머리)였어. 묵자는 자길 죽이더라도 금활리와 제자 300명이 버티고 있으니 송나라를 침략하더라도 초나라가 결코 이길 수 없다는 말을 한 거야. 달리 표현하자면 송나라에 묵가에서 파견한 '평화유지군' 300명이 이미 배치돼 있다고 협박하는 거지.

앞서도 말했지만, 묵가는 군사집단이라고 봐도 무방할 정도로 기율이 엄격했어. 우두머리인 거자도 예외가 없었어. 금활리에 이어 3대 거자(鉅子)가 됐던 맹승(孟勝)의 이야기와 진(秦)나라 혜왕(惠王) 시절의 거자 복돈(腹䵍)의 이야기를 보면 당시 묵가 조직의 분위기를 엿볼 수 있어.

초나라 양성군이 내란을 일으켰다가 패해. 이때 양성군은 맹승에게 수비를 부탁하지. 맹승은 왕실의 공격을 막아내다가 결국 밀리게 돼. 이 순간 맹승은 죽음을 선택하려 했어. 그러자 제자들이 들고일어나.

"선생님 돌아가시면 안 됩니다! 선생님이 자결한다고 양성군에게 뭔가 도움이 된다면 자결을 말리지 않겠습니다. 하지만 무슨 도움이 됩니까? 게다가 선생님은 묵가의 우두머리이지 않습니까? 개인 맹승이기 이전에 묵가의 맹승입니다! 선생님이 돌아가시면 묵가 전체가 위태로워집니다!"

이때 맹승이 했던 말이 유명해.

"양성군에 대한 나의 관계는 스승이기 이전에 벗이었고, 벗이기 이전에 신하였다. 우리가 죽기를 마다한다면 앞으로 세상 사람들이 엄격한 스승을 구할 때 묵자학파는 반드시 제외될 것이며, 좋은 벗을 구할 때에도 묵자학파는 제외될 것이며, 좋은 신하를 구할 때도 반드시 묵자학파가 제외될 것이다. 우리가 죽음을 택하는 것은 묵자학파의 대의(大義)를 실천하고 그 업(業)을 계승하기 위한 것이다."

맹승의 결의를 확인한 제자들은 더 이상 스승을 말릴 수 없음을 깨닫게 돼. 결국 맹승은 거자 지위를 전양자(田襄子)에게 넘긴 다음 자결해. 스승이 죽자 그의 제자들도 따라서 자결했는데, 그 수가 183명에 달했지. (묵가의 기율을 알리려고 이야기한 내용이야. 자살을 미화하려는 게 아니야. 착각하면 안 돼! 알겠지?)

거자 복돈(腹䵍)의 이야기도 아주 유명해. 복돈은 늘그막에 아들을 하나 얻었어. 그런데 이 녀석이 덜컥 사고를 친 거야.

"스승님의 아드님이 사람을 죽였습니다."

　　　　　　　　　　　2장 《묵자》의 가르침

"뭐라고?!"

늦둥이였기에 복돈이 응석을 너무 받아줘서 버릇이 나빴나 봐. 이런 사정을 다 알고 있었던 진나라 혜왕이 명을 내렸어.

"복돈의 아들에게 사형을 집행하지 마라. 늘그막에 얻은 아들인데… 너무 가혹하구나."

한마디로 봐준 거야. 묵가의 거자였던 복돈의 아들. 그것도 늘그막에 얻은 귀한 아들이라서 복돈의 체면을 살려준 거야. 그런데 복돈은 생각이 달랐어.

"사람을 죽이면 사형이고, 사람을 다치게 하면 벌을 받아야 한다. 이게 묵가의 법이다!"

복돈은 혜왕에게 공정한 법 집행을 요구했지. 당황한 혜왕이 복돈을 만류했지만, 결국 복돈은 대의를 지키겠다며 아들을 처형해.
맹승과 복돈의 이야기를 보면서 어떤 생각이 들어? 묵가 집단의 분위기는 살벌하다 못해 좀 삭막하다는 느낌이 들지 않아? 하긴, 이 정도의 기율을 세우지 않고선 남을 위한 전쟁에 뛰어들 수 없을지도 몰라.

셋째, 겸애(兼愛)의 실천을 살펴보자. 묵자는 말로만 '사랑'을 외친 게 아니라 온몸을 내던져서 사랑을 실천하려 했어. 묵가를 비난하는 사람들조차 묵가의 이런 행동력만은 인정했어. 맹자가 했던 말 기억하지?

전쟁의 포화 앞에서 송나라를 지켜낸 묵자는 비를 피할 처마 한자락 제공받지 못했지만, 전혀 개의치 않았어. 어쩌면 이게 세상의 이치일지 몰라. 세상을 위해 살아간다면 개인의 삶은 없다는 사실 말이야.

복돈의 이야기에서 드러나듯이 묵가는 공사 구분을 명확히 했어. 아니, 엄격하게 적용했다고 보는 편이 맞을 거야. 개인의 영달이나 이익이 아닌, 세상 전체를 구하는 일에 투신하는 존재. 그게 바로 묵가야.

비명(非命),
운명을 거부하라

이 책을 읽는 독자들 중 상당수는 아직 사회에 나가지 않은 학생일 거야. 그렇기 때문에 '비명(非命)'을 이야기하려 해. 묵자는 **'운명은 없다'**라고 말해.

"묵자는 귀신이 있다고 했잖아요! 그런데 운명이 없다니 좀 이상한데요?"

"맞아요! 묵자는 당연히 운명에 순응해서 사는 삶을 얘기할 것 같은데요?"

하늘의 뜻을 아는 게 중요하다고 하고, 귀신의 존재를 논리적으로 증명까지 하려 했던 게 바로 묵자야. 하늘의 뜻을 어기면 벌을 받을 거라며 '협박'까지 하기도 했지. 그런 묵자가 이렇게 말해.

"운명이란 건 없다. 그러니까 열심히 살아야 한다!"

2장《묵자》의 가르침

이상하지? 하지만 묵자의 생각을 정확히 파악했다면 이해할 수 있을 거야. 묵자가 초월적인 존재인 하늘(인격신 느낌이랄까)과 귀신의 존재를 인정했던 건 자신의 겸애사상을 세상에 퍼뜨리려는 목적 때문이었어. 신의 존재를 믿고 따른다기보다는 **'신을 만들었다'**고 볼 수 있지.

좀 생소하지? 그런데 사회학이나 문화인류학을 공부하게 된다면 이게 무슨 의미인지 이해하게 될 거야. 이쪽 분야에서는 **'인간은 외롭기 때문에 사회를 만들었고, 사후세계가 두려워 신을 만들었다'**는 뼈 있는 농담(?)도 듣게 될 거야. 신의 존재를 믿는 친구든, 믿지 않는 친구든, 모든 것에 스스로 '왜'라는 질문을 던져야 해. 시리즈 첫 권부터 줄곧 강조하는 거잖아? 질문을 원천적으로 봉쇄하는 주장, 예를 들면 '믿음이 없으면 결코 알 수 없습니다.' 같은 말을 듣는다면, 어떻게 반응해야 할까? 맞아. 질문을 던져야 해.

"왜요?"

자, 다시 생각해보자. 묵자는 왜 '운명'을 거부했을까? 이해할 수 있겠어? 이건 당시 상황과 좀 맞닿아 있는데, 도가(道家)와 유가(儒家) 때문에 사회 전체에 운명론적인 분위기가 흐르고 있었어. 묵자는 이걸 비판하려고 했던 거야.

"운명론이 나쁜 건가요?"

"그럼 좋은 거라고 생각해?"

"판타지 쪽 만화나 영화를 보면, '너는 영웅이 될 운명이야!'라는 대사가 나오곤 하잖아요? 별것 아닌 인생을 살던 주인공이 세상을 책임질 운명을 타고 났다니 뭔가 그럴싸하잖아요! 신의 계시를 받은 주인공이 온갖 역경을 이겨내고 결국 세상도 구하고 말이죠."

"운명을 받아들인 주인공과 너 자신을 동일시하고 싶어서 그렇게 보는 게 아닐까? 그럼, 영웅 뒤에 가려진 일반적인 사람들은 어떻게 생각해?"

"음~, 가려진 사람이라…. 별로 생각해본 적 없어요."

"만화나 영화 속 주인공의 삶은 늘 멋지게 그려지지. 그리고 주인공 곁에서 돕는 친구들의 삶도 나름대로 인정할 만해. 하지만 그 뒤에 주목받지 못하는 사람들은 어때? 악당이 총 쏘면 쓰러지고, 언제나 빼앗기고 죽는 역할만 맡는 단역배우들은? 그렇게 그려지는 사람들은 그렇게 죽을 운명을 타고 난 걸까? 영웅이 구원해주길 기다리며 늘 허덕이며 살아야 해?"

"그건…."

"블록버스터 영화를 볼 때 엑스트라들에게 감정을 이입해봐. 세상이 달리 보일 거야."

영화, 드라마, 소설, 만화 등에 나오는 멋진 주인공처럼 인생을 살

수 있는 사람이 몇이나 될까? 아마 몇 명 안 될 거야. 지상파 TV에 일주일에 세 번 이상 출연하는 사람은 몇 명쯤 될까? 많다 해도 500명을 넘지 않을 거야. TV에 그 정도로 나올 정도면, 그 사람의 인생은 이미 특별한 거야. 그런데 TV를 보는 우리는 그 '특별한 인생'을 기준으로 자신을 비교하곤 하지. 그들의 삶을 모방하고, 그들의 생각마저 따라가려고 하고 있어.

각종 매체에 등장하는 주인공의 철학과 엑스트라의 철학은 달라. 처해 있는 상황이 다른데, 어떻게 같은 사고방식을 가질 수가 있지? 서 있는 곳이 다르면, 보이는 풍경도 다른 거야. 이 말의 의미를 잘 생각해봐.

우리는 특별한 주인공이 아니라 엑스트라의 시각에서 보고 그들의 사고와 철학이 무엇인지를 살펴야 해. 이 책을 읽는 친구들 중에 훗날 TV나 영화의 영웅 같은 삶을 살 사람도 물론 있을 거야. 하지만 대부분은 특출한 삶이 아니라 평범한 삶을 살게 될 거야. 이건 여러분의 삶을 미리 재단하고 폄하하려는 게 아냐. 각종 매체에 나오는 특별한 사람들의 삶을 내 인생에 투영할 필요가 없다는 얘기를 하려는 거야.

자, 다시 운명론 이야기로 돌아오자. '운명'을 인정하게 되면, 개인과 사회가 어떻게 될지 생각해봤어?

"공부해서 뭐해? 흙수저로 태어났는데. 그러니 적당히 살래."

6 비명(非命), 운명을 거부하라

"난 천당 갈 팔자야. 그러니 죄를 좀 지어도 상관이 없어!"

운명론을 인정하는 순간, 열심히 노력할 이유도 없고, 굳이 착한 일을 할 필요도 없어져. 왜? 팔자가 정해져 있으니까. "넌 앞으로 이렇게 저렇게 살다가 죽을 거야. 그게 네 운명이거든." 이처럼 각자의 인생 설계도가 있고, 그대로 살다가 죽는 거라면 어떠한 노력도 할 이유가 없어져. 더 문제는 이런 운명론이 사회적으로 확장될 경우야. 무서운 사태가 벌어지지.

"애초 넌 노예로 살 팔자야. 그러니 내 명령에 절대 복종해야 해. 알았어?"
"너희는 식민 지배를 받을 운명이야. 그러니 반항하지 마!"

무슨 말을 하려는지 이해가 되지? 인류의 역사 속에서 기득권층, 통치자들은 자신들의 '지배'와 '통치'를 이런 식으로 정당화하곤 했어. 약자들과 약소국을 부려먹기에 이보다 더 좋은 핑곗거리가 있겠어?

"맞아. 한 번 노예는 평생 노예로 살아야 해…."

이렇게 운명론을 받아들이고 인정하는 순간, 우리를 '지배'하고 '통치'하려는 사람들은 훨씬 편하게 우리의 삶을 장악할 거야. 자, 이렇게 생각하니 묵자가 왜 운명론을 거부했는지 알겠지? 묵자가 비명(非命)을 설파한 이유는 단 하나야.

"정해진 운명이 있다며, 삶에 간섭하는 자들과 싸워라!"

이게 바로 네 인생을 지키는 길이야.

7

천하무인(天下無人)의
마음

묵자편 원고를 쓰면서 몇 번이고 주저하고 고민했던 게 있어. '내가
너무 몰입해 있는 게 아닐까?' 하는 생각이 들어서야. 나는 개인적으
로 묵자를 좋아하고 존경해. 시대를 앞서간 철학자. 반전 평화주의
자. 진보 철학자. 민중을 위해 산 사상가. 뛰어난 기술자이자 공학자.
"모두를 사랑해야 해!" 하고 외치며, 실천하기 위해 세상을 발로 뛴
혁명가의 모습까지 갖췄어. 내 머릿속의 묵자는 그야말로 '완벽한 인
간'의 모습이었어.

하지만 그랬기에 묵자는 역사 속으로 사라지고 말았어. 중국이 통
일된 이후 유교가 중국 왕조의 기본 '사상'으로 안착된 다음, 나머지
학문들은 역사 속으로 사라지게 돼. 묵자도 그중에 한 사람일 뿐이었
지. 사실 그냥 사라졌다기보다 지배자들은 그를 잊도록 강요했어. 기
득권층, 통치자들이 보기에 묵자는 너무나 '위험한' 사상가였거든.

재물을 사유하는 것은 자기를 사랑하는 것일 뿐, 자기와 남을 동시
에 사랑하는 것이 아니다. 남을 후대하는 것은 자기를 소외시키는 것

이 아니다. 사랑은 자기에게는 후하고 남에게는 박함이 없다. 자기만을 떠받드는 것은 어진 것이 아니다.

—《묵자》대취(大取)편 중에서

성인은 자기 집을 위하여 저장하지 않으며, 오히려 사유를 비난한다. 사유는 자기를 위할 뿐 자기와 백성을 다 같이 사랑한 것이 아니다.

—《묵자》대취(大取)편 중에서

나라를 다스리는 사람, 재물이나 권력을 가지고 있는 사람은 변혁을 외치는 사람들을 불편하게 생각해. 책 첫머리에 말했잖아? '한 시대의 지배사상은 늘 지배계급의 사상이다'라고 말이야. 공자의 사상은 한(漢)나라 시절부터 시작해 공산당이 집권하기 전까지 중국 대륙을 지배했어(덤으로 동아시아 각국으로 수출됐지). 왜 그랬던 걸까? 지배계급의 입맛에 맞았기 때문이야. 그렇다면 묵자는? 딱 봐도 불편한 사람이잖아. 그러니까 통치자들은 이렇게 얘기하는 거야.

"이거 빨갱이 아냐?"

그들의 의심은 이내 사실로 확인돼. 묵자가 꿈꾼 이상사회를 보여주는 구절이《묵자》에 다음과 같이 나오거든.

공산당

간략히 말하자면 '공산주의'를 표방하는 정당이야. 공산주의 하면, 흔히 '빨갱이' '개인 소유 부정' 정도의 부정적인 시각으로 보는 사람들이 있는데, 주의해서 생각해야 해. '공산(共産)'이란 '함께 생산하고 소유한다'는 뜻으로 볼 수 있어. 그러니까 사전적 정의로 보자면, 공산당은 자본가 계급(돈 많이 가진 사람)이 소멸하고 노동자 계급(돈 없는 사람)이 생산수단(공장 같은 거라고 생각하면 돼)을 개인이 아닌 공공의 소유로 하는, 무계급 공동체를 만드는 것을 지향하는 정당이라 할 수 있어. 그럼 공산주의 사회에서 돈을 어떻게 버는지 궁금할 수 있는데, 필요에 따라 분배받고 개인 능력에 따라 일하면 되는 거야. 어때? 지금까지 들어왔던 '빨갱이'랑 많이 다르지? 그렇다고 공산주의가 완벽한 이념이라는 건 아냐. 설명한 내용은 어디까지나 최종 완성형의 사회가 그렇다는 얘기야. 거기까지 가려면 우선 자본주의 체제를 무너뜨려야 하고, 프롤레타리아 독재(자본주의와 공산주의 사이의 과도기)를 거쳐야 해. 그 과정에서 노동자 계급에게 사회주의적 규율을 심어주는 게 중요하지. 이렇게 프롤레타리아 독재가 끝나면, 공산주의 국가가 탄생하게 돼. 20세기에 공산주의를 표방했던 많은 국가를 보면 한 명의 지도자에게 권력이 집중되어 일인 독재가 되거나, 훗날 자기 후손에게 권력을 넘겨 봉건왕조로 변해버린 경우도 있었지. 북한을 두고 '공산주의 국가' 혹은 '사회주의 국가'라고 말하는 건 실제로는 공산주의에 대한 모독일지 몰라. 북한은 그냥 '왕조국가'일 뿐이거든.

어질게 되는 길은 무엇인가? 그것은 힘이 있으면 부지런히 백성을 돕고, 재물이 있으면 힘써 백성에게 나눠주고, 도리가 있으면 가르치는 것이다. 그렇게 하면 배고픈 자는 먹을 것을 얻게 되고, 헐벗은 자는 옷을 얻게 되고, 피로한 자는 쉴 것이며, 어지러운 것은 다스려질 것이다. 이것을 안생생(安生生, 안락한 살림살이)이라고 한다.

—《묵자》상현(尚賢) 하편 중에서

　　민중의 편에 선 묵자는 기득권층이 보기에 위험한 존재였어. 국가 예산을 아껴야 한다고 말하고, 기득권층이 춤추고 노래하고 즐기는 것에 딴지를 걸고, 침략전쟁을 반대했잖아? 기득권층이 즐기는 걸

모두 반대한 거야. 당연하지. 묵자는 언제나 착취당하고, 수탈당하는 민중의 입장에서 세상을 바라봤기 때문이야. 그러고는 이렇게 외치는 거야.

"우리는 모두 평등하다!"

모두가 다 같이 노동해야 하고, 각자 가진 재주로 백성에게 봉사하고, 같이 일하고 같이 나눠가지자는 묵자의 주장은, 전란에 시달리던 민중에게는 복음(福音) 그 자체였을 거야. 무려 2500년이 지난 지금 대한민국에서도 묵자의 생각은 혁명적이잖아?

언제나 그렇지만, 민중에게 매력적인 사상은 '가진 자'들에게는 너무도 위험한 생각으로 인식돼. 이게 바로 묵자가 2000년 넘게 철저히 외면(아니, 탄압)당한 이유야. (줄곧 잊혔던 묵자와 그의 사상은 청나라 말기에 이르러서야 숨통이 트이게 돼.)

여기까지가 내가 묵자에 대해 얘기할 수 있는 전부야. 더 말했다가는 개인적인 감정이 드러날 것 같아서 조심스러워. 다만, 이 책을 읽는 여러분에게 당부하고 싶은 게 있어. 묵자가 이야기한 사상이 참 좋다는 건 알겠지만, 실천하기가 너무 어렵다고 생각하고 있을지 몰라서 말이야. 자본주의 경쟁체제가 너무 익숙한 삶의 모습이 된 대한민국 사회에서 묵자는 좀 뜬구름 잡는 이야기를 하는 사상가처럼 보일지 몰라.

"좋은 얘기 많이 들었지만, 먹고사는 데 도움이 될 것 같지가 않네. 이런 게 있다는 정도로만 알고 있어야겠다."

혹시 이렇게 생각하고 있지 않아? 그러면 곤란해! 묵자는 민중의 입장에서, 민중의 철학을 설파한 최초의 사상가야. 앞으로 1318 청소년 사상사 시리즈를 계속 읽으면 알 수 있겠지만, 묵자처럼 민중의 입장에서 생각하고 실천한 사상가는 의외로 많지 않다는 걸 알게 될 거야. 그러니까 묵자는 참 귀한 '**민중의 철학자**'라고 해야 할까?

여러분에게 묵자의 겸애를 삶에서 실천하라는 말은 하지 않겠어. 그러나 마음속에 이것 하나만은 담아뒀으면 해.

"천하무인(天下無人)"

풀이하자면, "**세상에 남이란 없다**"라는 뜻이야. 《묵자》 대취(大取) 편에 나온 구절이야. 이 말처럼 다른 사람을 남이 아니란 생각으로 주변을 돌아봐. 보이는 게 달라질 거야.

요즘 세상이 어떻게 돌아가는지 단적으로 확인할 수 있는 창이 있어. 바로 TV 프로그램 게시판이야. 방송을 본 다음 사람들은 즉각적으로 반응해. 거의 실시간 채팅 수준이야. 욕하는 사람, 칭찬하는 사람, 주목받고 싶어 환장한 사람도 있어. 소위 '어그로를 끄는' 인간들도 있는 거야. 답답한 사회에서 분노가 쌓은 사람들은 누군가를 욕할 만반의 준비가 돼 있어. 무슨 계기만 생기면 득달같이 달려가 입에 담을 수 없는 욕설을 내뱉기도 해.

사람들은 늘 자신의 적과 아군을 나눠. 왜 그런 걸까? 아마도 살기 힘들어서, 경쟁에 치여서 그런 건지도 몰라. '억압(抑壓)의 이양(移讓)'으로 정신적 균형을 유지하는 걸지도 모르지. 쉽게 말해 누군가에게 '갑질'을 당했다면, 자기보다 약한 누군가에게 또 다른 갑질을 해서 감성을 배설하는 거야.

그럴 때 '천하무인'을 생각해. '세상에 남이란 없다'고 생각한다면 나와 다른 존재를 타자화할 수 없을 거야. 내가 미워하려는 사람, 내가 화를 내려는 사람, 내가 분노를 터트리려 하는 사람을 생면부지의 사람으로 보지 않으면 돼. 그러면 함부로 할 수 없을 거야.

우리가 묵자처럼 세상 사람 모두를 차별 없이 사랑할 수 있을까? 그게 내게 이익이 될지, 그런다고 세상이 달라지기나 할지, 나만 손해 보는 게 아닐지, 온갖 걱정이 다 들잖아? 그러니까 겸애까지는 아니어도 을(乙)들이 차별받는 사건 앞에서, 혐오로 희생된 사람들이 발생하는 상황에서, "남(남일)이 아니다!" 하고 생각해보라는 거야.

곧 세월호 참사 5주기야. 여러분이 이 책을 읽을 때쯤엔 4월 16일이 지났을 거야. 아무런 죄 없이 하늘의 별이 된 단원고 친구들을 생각해봐. 아프지만 그날을 잊지 않는 사람이 많아진다면, 우리 사회는 조금씩 달라지지 않을까?

묵자를
기억하며

묵자편을 거의 완성할 때쯤 다른 고민이 머리 한쪽에 똬리를 틀기 시작했다.

"묵자 다음 편은 뭐로 하지?"

처음 출간 계획을 잡을 때 동양철학은 유묵도법(儒墨道法) 정도로 소개하면 되지 않을까 하는 막연한 생각이 있었다. (얼른 근대철학으로 넘어가고 싶다는 조급함 때문일지도 모르겠다.) 춘추전국시대에 수많은 사상가가 등장했지만, 후대까지 족적을 남긴 이들은 4개 학파 정도로 정리할 수 있다고 생각했다.

큰 흐름만 그려보겠다는 정도로 쉽게 생각하고 있었다. 유가(儒家)는 당연히 설명해야 하고, 그 뒤는 유가와 티격태격한 묵가(墨家)를 설명하는 게 순리라고 생각해 묵자를 선택했다. 원고를 완성할 때쯤 머리가 지끈거리기 시작했다. 다음은 뭘까? 무위자연(無爲自然)을 얘기한 노자? 아니면 춘추전국시대 치세 철학의 끝판왕(물론 개인적인 평가지만)이라 할 수 있는 법가의 슈퍼스타 한비자(韓非子)?

오래 고민하다 결국 원점으로 돌아갔다. 유가와 짝을 이루는 법가를 다루는 게 순서상 적합하다고 결론을 냈다. 다음 권에서 한비자를 설명하면서 말하겠지만, 중국의 정치철학은 겉으로는 예(禮)와 도(道)를 말하는 유교가 핵심인 듯하지만, 실상은 법치가 중심이다. 흔히 말하는 외유내법(外儒內法)이 바로 그것이다.

혹시 오해할까 싶어 말하는데, 법가사상을 '법에 의한 통치'로 생각하면 안 된다. 만약 법에 의한 통치가 수천 년간 이어졌다면(그리고 그걸 동아시아의 많은 국가가 받아들였다면), 지금 우리가 사는 세상은 지금과는 많이 다를 것이다.

그렇다면 법가사상은 뭐였을까?

"법을 활용한 통치."

즉 백성을 효율적으로 통치하기 위한 '방편으로서의 법'으로 보는 게 맞을 것이다. 춘추전국시대의 혼란을 극복하기 위해 제자백가가 등장했지만, 결국 그 혼란을 종식시킨 건 법가(法家)였다. 내용이 어떻든 최후의 승자였던 셈이다. 이 법가의 이론을 집대성 한 사람이 바로 한비자였다.

1318 청소년 사상사 시리즈를 30권 정도 분량으로 예상하고 시작했는데, 이제 겨우 4권을 끝냈다. 한비자편까지 엮으면 5권이 되어

시리즈 전체의 6분의 1을 마무리하는 셈이 된다. 가끔 이 시리즈 도서의 출간을 기다리고 있는 독자가 있다는 연락을 받는다. 분명 청소년일 텐데 어떤 친구들일지 궁금한 마음이 든다.

내가 좋아하는 묵자 다음에 한비자라니, 열탕과 냉탕을 번갈아 뛰어드는 느낌이 들긴 하지만, 제자백가라는 게 결국 다양한 생각의 충돌이었다는 걸 생각하며, 한비자와 함께 돌아올 것을 약속한다. 그때까지 묵자의 겸애사상과 실용적인 군사 방어기술에 심취하며 몸과 마음을 건강하게 가다듬는 시간을 가져보면 어떨까?

묵자, 이게 겸애(兼愛)다!